特殊教育班级教学与管理研究

靳敬坤 著

延边大学出版社

图书在版编目（CIP）数据

特殊教育班级教学与管理研究 / 靳敬坤著. -- 延吉：延边大学出版社, 2023.9
　　ISBN 978-7-230-05463-8

Ⅰ．①特… Ⅱ．①靳… Ⅲ．①特殊教育－班级－学校管理－研究 Ⅳ．①G76

中国国家版本馆CIP数据核字(2023)第176750号

特殊教育班级教学与管理研究

著　　者：靳敬坤
责任编辑：史笑笑
封面设计：文合文化
出版发行：延边大学出版社
社　　址：吉林省延吉市公园路977号　　　邮　　编：133002
网　　址：http://www.ydcbs.com　　　E-mail：ydcbs@ydcbs.com
电　　话：0433-2732435　　　传　　真：0433-2732434
印　　刷：三河市嵩川印刷有限公司
开　　本：787×1092　1/16
印　　张：10
字　　数：200 千字
版　　次：2023 年 9 月 第 1 版
印　　次：2024 年 1 月 第 1 次印刷
书　　号：ISBN 978-7-230-05463-8

定价：65.00元

前　言

在人类社会漫长的发展历史中，教育一直发挥着重要作用，人类文明的延续和传播都依赖教育。然而，特殊需要学生群体由于某些方面存在异常，以致不能接受正常的教育。特殊教育班级教学与管理在特殊教育的实施过程中起着关键作用。

面对残疾人和其他特殊需要人群的教育与康复需求，传统的教育越来越受到限制，无法适应新的需要。随着社会的发展，教育公平在教育过程中越来越受到关注，残疾人和其他有特殊需要儿童的教育问题是当今特殊教育所面临的一个较为突出的问题。

本书从教学与管理的视角，系统地介绍了特殊教育班级教学与管理的相关内容。班级教学主要包括教学方法、教学模式、教学活动、教学评价、心理辅导等内容；班级管理主要包括班级教学管理、班级日常管理、班级安全教育管理、班级卫生健康管理、班级资源的运用与管理等方面的内容。既有关于特殊教育学校管理的理论知识，又有教师的实践经验，对特殊教育的教学实际进行深入的思考与解析，对教师的教学行为进行反思，把握动态，提供了独特而鲜活的经验和解决问题的技巧、方法。以期能帮助这些学生的家长及教师在服务特殊学生的过程中找到更为有效的方法和策略，提升特殊学生的生活品质。

为了确保研究内容的丰富性和多样性，在写作过程中作者参考了大量理论与研究文献，在此向有关的专家学者表示衷心的感谢。最后，由于作者水平有限，加之时间仓促，书中难免存在一些疏漏，恳请读者朋友批评指正！

靳敬坤
2023 年 6 月

目 录

第一章　特殊教育概述 ... 1
第一节　特殊教育的基本知识 ... 1
第二节　特殊教育的理论基础 ... 11
第三节　我国特殊教育的意义 ... 21

第二章　特殊教育班级教学理论 ... 26
第一节　特殊教育班级教学的基本知识 ... 26
第二节　特殊教育教学模式 ... 36
第三节　特殊教育班级教学活动 ... 42
第四节　特殊教育教学评价 ... 47
第五节　特殊教育班级心理辅导 ... 54

第三章　特殊教育班级管理内容 ... 64
第一节　班级管理的基本策略 ... 64
第二节　特殊教育班级日常管理 ... 72
第三节　特殊教育班级安全教育与管理 ... 81
第四节　特殊教育班级卫生健康管理 ... 90
第五节　特殊教育班级资源的运用与管理 ... 96

第四章　特殊教育管理体制建设 ... 106
第一节　特殊教育管理机构的划分 ... 106

第二节　特殊教育学校的制度建设 113
  第三节　特殊教育学校的文化建设 118

第五章　特殊教育教师培养及专业化发展 126

  第一节　特殊教育教师的作用及素质要求 126
  第二节　特殊教育教师的构成与培养 134
  第三节　特殊教育教师专业化相关概念及发展历程 142
  第四节　特殊教育教师专业化发展策略 148

参考文献 153

第一章 特殊教育概述

第一节 特殊教育的基本知识

一、特殊教育的含义及作用

（一）特殊教育的含义

特殊教育是按照特殊儿童的身心特点和教育需要，采用一般或特殊的教学方法和手段，以最大限度地发挥受教育者的潜能，使他们增长知识，获得技能，拥有良好品德，提高自身适应能力的一种教育。随着社会生产力的发展和文明程度的提高，特殊教育已经成为整个社会教育活动中重要的组成部分。从实际看，特殊教育就是为了帮助特殊儿童获得个人最大限度的自我满足和学业成就而安排的特殊设施、自然环境、教学程序和其他干预手段。

特殊教育的目的和任务是最大限度地满足特殊儿童的教育需要，发展特殊儿童的体力、智力和人格。通过特殊的教育、教学与训练，传授给特殊儿童一定的文化和科学知识，培养他们对生活的信心、健康的自我意识、生活学习和劳动就业的能力。由于特殊教育的对象是一些因生理或心理上的原因，在适应生活方面存在困难的儿童，这就使得特殊教育在指导思想、教育方式、教学和训练方法、教育设施等方面的要求与普通教育有一定的区别，相关研究者需要对特殊教育进行专门探讨，找出其内在规律。

（二）特殊教育的作用

1.维护公民的平等权利

在我国，公民具有平等的权利。我国公民平等权利的实现也体现在特殊教育之中。

特殊教育是残疾人参与社会和走向平等的有效途径。只有提升全民族的文化、教育水平，将一切积极因素调动起来，尤其是调动起残疾人学习文化知识的积极性，才能更好地建设社会主义现代化国家。特殊教育的产生基础是一定文化、经济与教育的发展，因此它也在一定程度上反映了社会各方面的情况。

2.提升特殊群体的能力

很多没有接受过教育的残疾人在生活中主要依靠父母和社会，他们的文化程度较低，仅能从事最简单的劳动，创造的财富少，有的甚至无法维持自己的生活，需要父母和社会的帮助。而残疾儿童不能及时接受教育还会给家长带来巨大的精神负担，影响家长的生活和工作。

通过特殊教育来对残疾儿童进行劳动职业训练，除了能够使其实现全面发展，还能提升其劳动技能和文化水平，使其获得自力更生的能力，发挥自身的潜力，实现自己的价值。

3.促进精神文明建设

要建设社会主义现代化国家，就要建设社会主义精神文明。建设社会主义精神文明的任务包括提升在心理、生理等方面有缺陷的社会成员的精神境界。如果不对残疾儿童进行特殊教育，那么社会主义精神文明建设就会出现空白。而且，许多刻苦努力、身残志坚的人也为社会主义精神文明建设增添了新的内容，他们激励着全社会的人一起建设社会主义现代化国家。

4.提升普及教育的质量

一个国家普及教育的程度反映了这个国家的教育和社会发展水平。特殊教育的发展状况是衡量我国普及教育的重要标志，而特殊教育也是当前我国普及教育的一个弱点和难点。

特殊教育的发展对相关事业和学科（如普通心理学、儿童心理学、普通教育学、医学、康复学、社会学、现代技术、哲学等）的发展也有重大意义。相关事业和学科的发展促进了特殊教育的发展，而特殊教育的发展又丰富和促进了相关事业和学科的发展，它们是相辅相成的。

二、特殊教育的原则和方法

（一）特殊教育的原则

从本质上来说，特殊教育是一种针对特殊儿童个别差异的教育。所谓个别差异，有两种含义：一种是指个体与群体之间的差异，例如，先天盲和弱视之间的差异是个体与群体之间的差异；而另一种含义是指个体内部之间的差异，例如，同一特殊儿童本身认知能力、社会适应能力和情绪控制能力等不同方面发展的差异是个体内部之间的差异。因此，深入地研究、正确地认识和因势利导地利用特殊儿童的差异，对实现特殊教育的目的有着重大的理论和实践意义。在对各国的特殊教育实践经验进行总结时，除要求特殊教育应符合普通教育的一般原则之外，还应贯彻其他原则，如补偿教育原则、早期教育原则、个别化教育原则和系统教育原则等。

1.补偿教育原则

补偿教育原则强调在特殊教育时期，应当提前认清特殊儿童身心特点的不同，再尽量用健全的器官替代受损器官的组织功能，发挥出儿童自身的潜能，并增强其适应能力。

人是作为完整有机体存在的，且每个器官与组织功能之间的联系也非常紧密，一旦机体的某一部分受到损害，那么受损器官的部分功能就会在某种程度上被健全的器官替代。而儿童的身体器官是处在不断发育之中的，可塑性极强，因此训练得越早就越能产生理想状态的补偿效果。比如，对盲童进行早期训练，有助于他们通过触觉和听觉等来弥补视觉上的缺陷；对下肢残疾的儿童进行早期训练，有助于他们通过上肢训练来弥补下肢功能的缺陷。这也进一步说明，在特殊教育中，补偿教育是占有非常重要的地位的。

2.早期教育原则

早期教育原则强调应该牢牢抓住合适时机，尽早对特殊儿童进行早期教育、判断和干预、训练等。如对残疾儿童的残余视力、残余听力等进行抢救性保护，以增强残疾儿童的适应能力。

从20世纪70年代开始，许多经济发达国家已经意识到特殊儿童早期教育的必要性和重要性，如在普通幼儿园设立特殊幼儿班。近些年来，在民政部门、教育部门和社会各界人士的关怀下，我国也建立了一些从事特殊幼儿早期诊断、早期教育和早期训练的儿童康复中心。大量事实证明，抓住特殊儿童关键期的早期教育容易收到事半功倍的教育训练效果。

贯彻早期教育原则，首先要做到早期诊断，及早查明残疾儿童的缺陷所在。其次，要在诊断的基础上，尽一切办法来抢救和保存残疾儿童的残存能力（如残余视力和残余听力等），防止其功能继续恶化。最后，针对残疾儿童存在的缺陷，要及早地进行训练和矫正，增强他们的适应能力。例如，要及早对失聪儿童进行口语训练和佩戴助听器的训练等。

3.个别化教育原则

个别化教育原则就是要本着实事求是的精神，根据特殊儿童身心发展的具体情况，制定出个别化的教育和训练方案等。这样才能进一步实行针对性教育。

个别化教育原则包含两层含义：首先，基于评估鉴定，确定特殊儿童的教育训练方法与目标；其次，充分考虑他们的个体差异，按照他们的知识水平与接受能力因材施教。需要注意的是，在对特殊儿童进行教育时，不能用正常儿童的发展标准要求特殊儿童。

总之，个别化教育倡导应根据特殊儿童的实际情况，按照他们的年龄特征、身心条件、个性差异和发展水平等，进行有针对性的教育，使其潜能得到最大限度发挥。

4.系统教育原则

首先，特殊教育作为系统工程，应该与学校教育、社会教育、家庭教育相结合，并在教育训练、医疗养护和就业培训等方面对教育成果进行巩固与发展。其次，要明确教育阶段与各个环节的重点和难点，抓住主要矛盾并加以解决。最后，要对各阶段的教育成果进行巩固。教师除了要对学生加强引导，还应对其进行培养，使他们养成刻苦训练的习惯，并且成为拥有较强意志力的有用人才。

（二）特殊教育的方法

特殊教育方法的含义比较广泛，这里将进行特殊教育工作所必需的程序都叫作特殊教育方法。这些程序包括特殊儿童的鉴别、特殊儿童的早期干预、特殊儿童的学校教育，以及特殊儿童的学校教育与家庭、社会的合作。因此，特殊教育方法从宏观上说包含下列内容。

1.特殊儿童的鉴别

特殊儿童的鉴别最简单的解释就是把特殊儿童从儿童中划分出来。这需要依赖一系列的技术或具体的方法，如各种各样的测量技术、医学检查技术等。因此，特殊儿童的鉴别是我们从事特殊教育工作的第一步。

2.特殊儿童的早期干预

原来意义上的早期干预是指对处境不利儿童采取的补救措施。这些处境不利的儿童可能是超常儿童，也可能是有残疾障碍的儿童。但是，本节所称的早期干预主要是对残疾障碍儿童而言的，是指对残疾障碍儿童所采取的一系列的措施或方法。尽管它也是在有关理论指导下进行的，但从根本上来说，它还是以具体措施为主。因此，我们把它列入特殊教育的方法。

3.特殊儿童的学校教育

特殊儿童的学校教育是相对于其他教育形式（如家庭教育、社会教育）而言的，它是大多数特殊儿童接受教育的主要形式，所以也是特殊教育中非常重要的教育方法。

学校教育的涵盖面比较广。从宏观上说，首先，应该确定教育的目标和内容，这是由国家（或委托相应的机构、组织或个人）来完成的。其次，应该把相应的内容教授给学生，以促进学生的发展，达到教学目标、完成教学任务，这是由教师来完成的。最后，对于目标实现得如何，目标是否达到等，要及时地进行监控。这样，相应地就有了确定目标内容的方法、课堂教学的方法以及教学评价的方法等。

4.特殊教育的其他方法

除上述方法外，特殊教育还必须有其他组织和机构的参与，这样才能更好地完成教育任务。也就是说，特殊教育还要结合其他教育方法，如特殊教育要和家庭、社会、有关组织、机构相结合等。

三、特殊教育的层次

从教育的水平与层次来看，特殊教育一般可以划分为学前教育、义务教育、高中阶段教育和高等教育四个层次。残疾人职业教育从小学就开始实行，从层次上看一般分为初等职业教育、中等职业教育和高等职业教育三个层次。

（一）残疾儿童学前教育

残疾儿童的学前教育主要指对学龄前（0~6 岁）缺陷儿童提供治疗、补偿性教育和功能康复训练，使障碍儿童在德、智、体、美等各个方面得到全面发展。

《残疾人教育条例》第三十一条规定：

各级人民政府应当积极采取措施，逐步提高残疾幼儿接受学前教育的比例。

县级人民政府及其教育行政部门、民政部门等有关部门应当支持普通幼儿园创造条件招收残疾幼儿；支持特殊教育学校和具备办学条件的残疾儿童福利机构、残疾儿童康复机构等实施学前教育。

《残疾人教育条例》第三十二条规定：

残疾幼儿的教育应当与保育、康复结合实施。

招收残疾幼儿的学前教育机构应当根据自身条件配备必要的康复设施、设备和专业康复人员，或者与其他具有康复设施、设备和专业康复人员的特殊教育机构、康复机构合作对残疾幼儿实施康复训练。

《残疾人教育条例》第三十三条规定：

卫生保健机构、残疾幼儿的学前教育机构、儿童福利机构和家庭，应当注重对残疾幼儿的早期发现、早期康复和早期教育。

卫生保健机构、残疾幼儿的学前教育机构、残疾儿童康复机构应当就残疾幼儿的早期发现、早期康复和早期教育为残疾幼儿家庭提供咨询、指导。

（二）残疾人职业教育

《残疾人教育条例》第二十七条规定：

残疾人职业教育应当大力发展中等职业教育，加快发展高等职业教育，积极开展以实用技术为主的中期、短期培训，以提高就业能力为主，培养技术技能人才，并加强对残疾学生的就业指导。

《残疾人教育条例》第二十八条规定：

残疾人职业教育由普通职业教育机构和特殊职业教育机构实施，以普通职业教育机构为主。

县级以上地方人民政府应当根据需要，合理设置特殊职业教育机构，改善办学条件，扩大残疾人中等职业学校招生规模。

《残疾人教育条例》第二十九条规定：

普通职业学校不得拒绝招收符合国家规定的录取标准的残疾人入学，普通职业培训机构应当积极招收残疾人入学。

县级以上地方人民政府应当采取措施，鼓励和支持普通职业教育机构积极招收残疾学生。

《残疾人教育条例》第三十条规定：

实施残疾人职业教育的学校和培训机构，应当根据社会需要和残疾人的身心特性合理设置专业，并与企业合作设立实习实训基地，或者根据教学需要和条件办好实习基地。

（三）残疾人普通高级中等以上教育及成人教育

《残疾人教育条例》第三十四条规定：

普通高级中等学校、高等学校、继续教育机构应当招收符合国家规定的录取标准的残疾考生入学，不得因其残疾而拒绝招收。

《残疾人教育条例》第三十五条规定：

设区的市级以上地方人民政府可以根据实际情况举办实施高级中等以上教育的特殊教育学校，支持高等学校设置特殊教育学院或者相关专业，提高残疾人的受教育水平。

《残疾人教育条例》第三十六条规定：

县级以上人民政府教育行政部门以及其他有关部门、学校应当充分利用现代信息技术，以远程教育等方式为残疾人接受成人高等教育、高等教育自学考试等提供便利和帮助，根据实际情况开设适合残疾人学习的专业、课程，采取灵活开放的教学和管理模式，支持残疾人顺利完成学业。

《残疾人教育条例》第三十七条规定：

残疾人所在单位应当对本单位的残疾人开展文化知识教育和技术培训。

《残疾人教育条例》第三十八条规定：

扫除文盲教育应当包括对年满15周岁以上的未丧失学习能力的文盲、半文盲残疾人实施的扫盲教育。

《残疾人教育条例》第三十九条规定：

国家、社会鼓励和帮助残疾人自学成才。

残疾人高等教育包括高等职业教育、普通高等教育等。

《中华人民共和国残疾人保障法》第二十二条规定：

残疾人教育，实行普及与提高相结合、以普及为重点的方针，保障义务教育，着重发展职业教育，积极开展学前教育，逐步发展高级中等以上教育。

《中华人民共和国残疾人保障法》第二十五条规定：

普通教育机构对具有接受普通教育能力的残疾人实施教育，并为其学习提供便利和帮助。

普通小学、初级中等学校，必须招收能适应其学习生活的残疾儿童、少年入学；普通高级中等学校、中等职业学校和高等学校，必须招收符合国家规定的录取要求的残疾考生入学，不得因其残疾而拒绝招收；拒绝招收的，当事人或者其亲属、监护人可以要求有关部门处理，有关部门应当责令该学校招收。

目前，我国残疾人接受高等教育的形式主要有四种：一是普通高等学校招收残疾青年（其中大部分是肢体残疾和轻度的盲、聋青年）和正常学生一起学习；二是普通高等学校建立特殊教育学院或开设特殊教育系/专业，主要招收盲、聋残疾青年学习各种知识和技能；三是一些独立设置的残疾人中等职业学校采取与高校合作的方式，举办一些专业的大专班，招收残疾青年；四是残疾人通过职工大学、自学考试等渠道，接受成人高等教育。

四、特殊教育对象及其分类

（一）特殊教育对象的含义

这里的"特殊教育对象"指与正常儿童发展水平有较大偏离的、发展不太正常的儿童。我们可以从两个方面理解。

从广义方面理解，就是包含了正常发展儿童外的所有类别的儿童，如存在行为问题的儿童、能力超常的儿童、视觉或听觉存在障碍的儿童、有学习和言语障碍的儿童，以及智力低常儿童等。一些国家在近些年将其统称为"有特殊教育需要的儿童"。

从狭义方面理解，就是指只在心理、生理发展上存在缺陷的残疾儿童，包括视觉、听觉、言语、智力和情绪等方面存在多种残疾和发展障碍的儿童，我们一般称之为"残疾儿童""缺陷儿童"。

（二）特殊教育对象的分类

1.特殊儿童

广义地理解，特殊儿童是指与正常儿童在各方面有显著差异的各类儿童。这些差异可表现在智力、感官、情绪、肢体、行为或言语等方面，既包括自身发展水平低于正常发展水平的儿童，也包括自身发展水平高于正常发展水平的儿童，以及有轻微违法犯罪行为的儿童。

狭义地理解，特殊儿童专指残疾儿童，即身心发展上有各种缺陷的儿童。

2.残疾儿童

残疾儿童指身心发展上有各种缺陷的儿童，又称"缺陷儿童"或"障碍儿童"。包括智力残疾、听力残疾、视力残疾、肢体残疾、言语残疾、精神残疾、多重残疾等类型。

3.特殊教育需要儿童

特殊教育需要儿童，指因个体差异有各种不同的特殊教育要求的儿童。这些特殊教育要求涉及儿童心理发展、身体发展、学习和生活等各方面，不仅包括对某一发展缺陷提出的要求，还包括对社会因素等提出的要求。

1978年英国相关研究人员首次提出"特殊教育需要儿童"这个术语。1981年，该术语在英国教育法中正式使用。

（三）分类的目的与依据

1.分类的目的

可以根据特殊儿童的各种特征把其归入某一群体，如按性别、地区、民族等分类；可以按生理或心理发展状况分类；也可以按受教育年限和程度分类；还可以按医学诊断的结果分类。

从特殊儿童在人类社会中被区分出来的历史分析，其主要是人类逐渐认识到特殊儿童与普通儿童的不同，即认识到了他们的特异性。这些特异性主要表现他们在生理和心理发展上与普通儿童存在较大差异，高于或低于多数儿童的发展水平；或者是器官上有明显的异常。这些特异性使人们逐渐认识并区别对待特殊儿童。

在对特殊儿童进行分类时，首先应当明确分类的目的，即对每类儿童的特殊性都要有所了解，在了解后则按照他们的特点进行教育和培养，促使他们成长为能够与普通儿童共同发展的平等劳动者。

明确了分类目的就可以放弃按特殊儿童性别等属性分类的方法。当然，在特殊情况下，为了科学研究或某些工作，还是有人会对全体或某一类特殊儿童按性别分类或比较。

2.分类的依据

分类的最基本依据是特殊儿童的医学诊断结果，这也是其发展特异性的生理和病理基础。

医学诊断中的同类儿童有共同的临床症状，即病理或生理基础，在这些基础上产生了该类儿童在认知活动或个性方面的共同特点。例如，被诊断为先天全聋的一类儿童，他们的听力损失使他们不能通过自然途径学会说话，如果不进行早期干预，他们就会变成哑童。与普通儿童相比，他们的视觉在其发展过程中要起更大的作用。此外，不能及时获得言语，给他们带来一系列共同的心理特点。而特殊教育就是要根据这些生理、心理特点，采取相应的措施给予他们特殊的帮助，使他们全面发展。医生诊断出的残疾是有残疾的特殊儿童发展中的第一性缺陷，是他们发展中其他缺陷产生的原因和基础，第一性缺陷造成的很多问题都是教育应该解决的问题。因此，指出儿童心理和学习特点的医学诊断是特殊儿童分类的基本依据。

同时有几种残疾的特殊儿童可以单独分为一类。若被医生诊断为多重（或综合）残疾，也可以按医生确定的对儿童产生主要影响的残疾分类。当然，在考虑医学诊断这个基本依据时，还应注意与此相关的残疾发生的时间、程度和原因，这些也是我们对特殊儿童进行特殊教育时必须了解的基本情况。

从教育工作需要或医疗康复需要方面来考虑，我们还可以按医学诊断分类之后再进一步分类。

例如，按残疾儿童的主要残疾发生时间可以将残疾儿童分为先天和后天两类，其中先天可以分为遗传性和孕期非遗传性，后天可以分为产程期间和产后期间造成的残疾。致残时间对儿童的心理发展和教育也有很重要的影响。出生时就失明或失听的儿童与四五岁失明或失听的儿童在认识外部世界的经验、途径上，在言语的发展上有不同的特点，对教育的需求也不同。

各类残疾还可以按程度划分,可以把全部残疾或一类、二类、三类残疾按轻度、中度、重度等分类。对同一程度的残疾儿童可以采取某些相同的教育方式,因为同一类、同一程度的残疾儿童所需要的教育方式会有更多的共性。

各类残疾还可以按病因分类。因为类似病因造成的残疾常表现出类似的症状,有某些共同的特点,所以这也可以作为分类的依据。

第二节　特殊教育的理论基础

一、特殊教育相关概念阐释

（一）"特殊"的含义

特殊教育一词在英语中为"special education"。"special"在英语中主要突出事物的例外性、异常性。汉语中"特殊"是特别、有特点的意思,有"超出一般""不同于同类的事物或平常的情况"之意,是相对于一般、普通或平常而言的。因此,结合汉语和英语的语义可以看出,特殊教育对象的特殊性在于其自身表现出来的个体差异具有显著性。也就是说,在统计学的意义上,超出一般的常规范围,体现了一种"异常"的特性,或"非典型"特征。需要说明的是,这种"异常"只有描述意义,没有评价意义,它是指在统计学意义上与所确立的统计常模有显著差异(即在所测量的标准常模范围内与总体的平均值有偏差,并仅限于此意义)。这样,所谓的特殊儿童的"特殊"应是指"身心某些指标异常或在常态之外(非常态)的儿童"。这就涉及另外一个概念——个体差异。

（二）个体差异

个体差异又称个别差异,是个体区别于他人的身心特征,即不同个体之间在身心特征上相对稳定的不相似性。人的个体差异性主要表现为个体间差异和个体内在差异两个方面。

1.个体间差异

个体间差异是指不同个体之间的差异。个体间差异表现在个体身心的各个方面。其中，有些是发展水平的差异，如能力；有些是心理特征表现方式上的差异，如兴趣、认知风格等；有些是生理机能上的差异，如视力、身高、体重等。

2.个体内在差异

个体内在差异是指个体身心诸要素之间存在的差异，主要表现为诸要素之间的不平衡、不协调性。例如，一个学生自身的生理发展水平高于心理发展水平，或心理成熟度高于生理发展水平。

个体差异对教育教学有着复杂而重要的影响。差异不同，学生个体的教育需要往往也有所不同，当影响学生的个体差异因素积累到一定程度时，必然会引发个体的特殊需要，即学生学习的特殊需要，或者说学生在教育上的特殊需要。

（三）需要、特殊需要与特殊教育需要

1.需要与特殊需要

（1）需要

要理解特殊教育需要，首先要弄清楚什么是需要？

心理学认为，需要是指人对事物的一种欠缺心理体验。但是，"需要"一词在不同的学科中或不同的语境中又有不同的用法，有的被视为内驱力，有的被视为动机、诱因，有的又与愿望、理想甚至欲望同义。从人的生存和发展方面看，我们认为，需要体现了人对其生命的存在、延续和发展所不可缺少的条件的依赖性。这就意味着需要是人为了求得生存和发展而产生的。对于人来说，需要不仅有存在的必然性和合理性，还有重要的功能。它既是生命发展的前提，又是社会生产的动力。

需要不同于愿望或欲望。愿望或欲望的对象并不一定是不可缺少的。从这个意义上说，需要的满足与生命的发展是同步的。我们常说："要满足学生的教育需要。"这里的"教育需要"是指合理的教育需要，而非过度的或消极的教育需要，阐明这一点对于理解特殊教育非常重要。

此外，需要的满足与发展必须依赖一定的条件，生产发展、科技进步和社会的文明程度是影响人的需要满足与发展的重要因素。

（2）特殊需要

根据前面我们对需要的解释，从词语所表达的逻辑概念上，我们可以将特殊需要定义为人基于个体差异的独特性对其生命存在、延续和发展的特殊条件的依赖。特殊需要体现了群体生命中不同个体生命之间的差异性。因此，考察特殊需要必须以人的个体条件为依据，从身心差异开始，进而延伸到社会文化的差异。身心差异主要是指人的身心构成及其发展水平方面的差异；社会文化差异则是指个体之间的政治、经济、家庭背景和生活环境等方面的差异。这些差异性可以通过对正常与异常、典型与非典型、残疾与健全、弱势与优势的比较加深认识。特殊需要体现了人与人之间的差异性。

2.特殊教育需要

特殊教育需要是学生在学习过程中产生的特殊需要。依据我们对需要与特殊需要的理解，我们可以对特殊教育需要下定义：特殊教育需要是学生基于个体差异，在身心发展上对特殊的教育条件的依赖。这里的"条件依赖"意味着如果缺少某个条件，个体就无法顺利学习，也无法顺利发展。譬如，盲童存在视觉障碍，普通的汉字课本无法满足他们的学习需要，必须为他们提供盲文课本。因此，对于一个全盲的学生来说，盲文课本就是他在学习过程中不可缺少的一个特殊教育条件。同理，聋童存在听觉障碍，无法感知有声语言，需要通过手语来接收教学信息、进行沟通交流，这也是一种特殊的教育需要。

特殊教育需要产生的前提是学生存在个体差异，但并不是说有个体有差异就一定会产生特殊教育需要。因为影响个体差异的因素是多方面的，就其对学生学习的影响来看，不是所有的差异都会对学习产生影响。同时，在影响学生学习的因素中，每个因素影响的程度也不相同。因此，个体差异是否引发特殊教育需要取决于两个条件：个体差异的教育意义和个体差异的程度。

第一，个体差异是否具有教育意义。只有影响教育教学的个体差异才有教育意义，才会引发特殊教育需要。如生理方面的容貌差异，一般不具有教育意义，因为它一般不会影响学生的学习，自然也就不会引起特殊教育需要。

第二，个体差异是否达到一定的程度。具有教育意义的个体差异必须达到一定的程度才具有区别性意义，也才能引起特殊教育需要。轻微的差别并不能引起特殊教育需要。比如，一般性的近视与正常视力之间虽然存有差异，但对教育教学产生的影响很小。而全盲或低视力与正常视力之间的差异就会对教育教学产生较大影响。也就是说，如果差异偏离达到一定的程度，学校就需要改进教学实践活动，或提供特殊的教育服务，只有这样儿童的能力才能得到最大限度的发展。

学生特殊教育需要的条件表明，在教育学中，"特殊儿童"的含义不同于生物学、心理学、社会学或其他学科，否则仅以"特殊"或人与人之间的"差异"来判断一个儿童是不是特殊儿童，就会导致特殊教育对象的极端泛化。

二、特殊教育理论的发展演变

（一）早期特殊教育思想

特殊教育理论的发展与特殊教育学的产生紧密相连，同时这一理论的发展也离不开具体的特殊教育实践活动。虽然制度化的特殊教育产生很晚，但对特殊教育的朴素认识早已存在于人们的思想活动之中，这些认识主要体现在一些思想家、哲学家和教育家的言论或著作中。中国古代《礼记·礼运》中就提出"鳏、寡、孤、独、废、疾者，皆有所养"的理想社会；而在西方，尤其是在文艺复兴之后，英国思想家莫尔（T. More）在其名著《乌托邦》中提出了"应该给所有儿童以良好的教育"的社会呼吁。这些隐含了教育平等理念的言论为特殊教育的产生和发展奠定了坚实的思想基础。此后，有许多涉及特殊儿童教育的观点，尽管缺乏系统的论说，但包含着深刻而精辟的思想，对特殊教育理论的形成和发展产生了重要的影响。

（二）国外特殊教育理论的传播

在我国，比较早、比较系统地介绍西方特殊教育的专著，当属20世纪20年代由华林一编写的《低能教育》和《残废教育》，这两本书于1929年由商务印书馆出版发行。后来，商务印书馆又出版了由陈德征编写的《天才儿童教育》，这也是关于特殊教育的专著，其中许多章节的材料取自国外学者的著述。中华人民共和国成立后，对我国特殊教育理论产生较大影响的主要是苏联的相关著作，其中比较有代表性的是鲁宾什坦的《智力落后学生心理学》，该书由朴永馨教授翻译介绍到我国。

此外，在20世纪，美国是当时的世界强国，也是特殊教育大国。20世纪中期以来，美国学者出版了许多有关特殊教育的专著，这些专著比较系统地总结了特殊教育经验，论述了特殊儿童的心理状况及其教育方法。其中，对我国影响较大的是著名的特殊教育专家柯克（S. A. Kirk）和加拉赫（J. J. Gallagher）合著的《特殊儿童的心理与教育》。该书阐述了特殊教育理论、特殊教育发展的趋势，重点论述了各类特殊儿童身心特点及其教育方法，具有重要的学术研究和应用价值。该书出版后曾再版多次，被译成多种文字。1989年，华东师范大学汤盛钦教授等将其译成中文介绍到我国，由天津教育出版社出版，它对我国特殊教育理论的研究和应用起到了重要的推动作用。近年来，在特殊教育领域影响比较大的是美国学者特恩布尔（R. Turnbull）等人撰写、华东师范大学方俊明教授组织编译的《今日学校中的特殊教育》丛书，该丛书反映了当代美国特殊教育的发展状况。

（三）我国特殊教育理论的奠基

从20世纪二三十年代开始，我国已有一些学者开始研究盲、聋、智力落后儿童的心理、教育问题，并提出一些学术观点。朴永馨先生是中华人民共和国成立后，我国特殊教育理论的主要奠基者，他以自己的品格和学识为我国特殊教育学科建设、人才培养和学术发展作出了重要的贡献。他主编的《特殊教育概论》《特殊教育学》和《特殊教育辞典》是我国特殊教育学科理论的主要奠基之作。他主编的《特殊教育学》也是我国第一部以"学"命名的特殊教育专著。该书的指导思想为马克思主义理论，将缺陷补偿理论当作特殊教育学科建设的重要基石，并且较为详细地论述了特殊教育的产生、发展，特殊教育的对象、分类，特殊教育的理论基础，各类特殊儿童的心理与教育，特殊教育的体系和模式，特殊教育的组织和管理，以及特殊教育评价等内容。

20世纪90年代以来，我国的特殊教育进入了前所未有的大发展时期。特殊教育理论研究也进入一个活跃的时代，一些特殊教育专著陆续出版，比较有影响的有汤盛钦主编的《特殊教育概论——普通班级中有特殊教育需要的学生》、方俊明编著的《当代特殊教育导论》与《特殊教育学》、顾定倩主编的《特殊教育导论》、刘全礼所著的《特殊教育导论》、陈云英等所著的《中国特殊教育学基础》等。这些作品的出版为我国特殊教育理论研究作出了重要的贡献，每一部作品都有作（编）者独到的见解，都有创新之处，拓展了特殊教育理论研究的广度与深度。但是由于我国的特殊教育理论研究还处于起步阶段，大部分作品受到了美国特殊教育相关书籍的影响，对各类特殊儿童心理与教育的介绍占了较大的篇幅，没有取得较大的突破。

三、特殊教育的基础理论——缺陷补偿理论

20世纪二三十年代,维列鲁学派针对残疾儿童提出"缺陷补偿"。中华人民共和国成立后,国家收回办学主权,将私立特殊教育学校国有化,全面模仿苏联的特殊教育,以维列鲁学派缺陷理论为基础开展特殊教育工作。1995年,朴永馨先生提出缺陷补偿理论,该理论是我国特殊教育的重要理论之一。

(一)补偿的概念与影响因素

1.补偿的概念

"补偿"是当机体的某一机能受到损害,或是某一器官缺失后,机体产生的适应能力。这是一种不同于正常发展的、存在特殊性发展的过程。这样,某一机能或器官受到的损害,就能够在一定程度上得到弥补、替代、改善或恢复。也就是说,作为有生命的机体,尤其是人,如果其部分组织遭到了损害,或是生理机能出现一定障碍,那么它的生物本能为了自身能够继续生存下去,就需要适应周边环境和已经受到伤害的机体,那么它的统一机体中并没有受到损害的部分就会主动替代、弥补部分受到损害的机体,从而产生新的条件联系与机能组合。

补偿分为正补偿和负补偿两种,它们都是一种发展状态,都是基于正常的发展规律,且因为各种损害而存在特殊性的发展过程。补偿过程也是作为一种发展而存在的,与正常发展的规律基本相同。例如,因自身受到遗传因素的影响或是外界的影响,反射、中枢神经系统以及神经活动的可塑性等都在发展中起到了重要作用。但补偿也有其自身的特殊性,比如组成的各部分、条件联系体系不同,发展的途径不同等。

2.补偿的影响因素

特殊教育中的缺陷补偿,在之前也曾强调过生物学因素,并且证明的方式是通过对受损害后动物的某个机能或器官进行补偿的试验,最终得出结论,即高级动物的一个器官受到损害时,其他未被损害的器官会自发且本能地对已损害器官进行替代。比如,人失明或是失聪后,仍然能够慢慢适应生活。通常情况下,补偿的影响因素主要有以下几种。

（1）生物学因素

人类有自己的发展历史，在这一漫长过程中，很多起着重要作用的机能都符合生物学规律，并在不断的进化中使人类成了真正的人。人在一代一代不断繁衍的过程中，会将较为稳定的机能遗传下去，包括神经系统。人自身有着很多本能的东西，比如人在出生后就具有一些先天的素质，能为人的生理、心理更好地发展而奠定基础。这些生物学因素在人体产生损害时是能起非常重要的作用的，同时也为补偿过程提供了可能性，它是作为补偿的物质基础而存在的。

（2）社会因素

社会因素可以说是补偿过程可以进行的外界条件。如果没有一定的外界条件，人本身的遗传素质就不能继续存在和发展，人是具有社会性质的，因此自然环境应该统一于社会环境，社会环境也因此变得更为重要。

要使残疾人潜在的能力发挥出来，其家庭条件，以及为其创造的康复与教育条件等起着非常重要的作用。比如，能够及时发现与诊断出残疾、能够适时且有计划地进行补偿过程。对于残疾人而言，如果社会能提供支持，那补偿过程就能更好、更快地完成。但如果其无法获得相应支持，那么其潜在的发展可能就不会变成现实，也无法延长补偿过程，实现不了最佳补偿。

社会因素应该包含科学技术的成就、社会经济发展水平、相关法律与政策规定、生活与教育的物质条件、残疾人所处的具体环境，以及人们对残疾人的认识和态度等。对残疾人来说，一个直接抚养人所具备的正确态度和物质保证是其最起码的外界补偿条件，积极的正补偿是在良好社会条件中产生的，而消极的负补偿则是在不良的社会条件中产生的。

（3）意识（或心理）因素

人的意识是从动物的心理发展而来的，但纯粹的动物心理并不会自发地形成意识。意识一开始就是劳动的产物、社会的产物。劳动和社会交往促进了意识的物质器官——人脑的生成，促进了意识的表达手段——语言的产生，提供和丰富了意识的内容。因此，意识不仅是自然界长期发展的产物，还是社会发展的产物。

构成人意识的部分包含了人对环境和生产中人际关系的认识，还有人对社会存在、发展的认识，当然其中也包括残疾人对本身缺陷的态度和认识等。对于缺陷补偿来说，残疾人对自身的认识和态度也起着极为重要的作用。残疾人若是想要按照客观规律顺利地实现补偿过程,就应该科学认识和正确看待自身各方面的特点,并且积极主动地去创造补偿条件,学会面对现实,对待缺陷也要有乐观的态度与坚强的意志,只有这样才会产生良好的补偿结果。

在补偿过程中,上述三方面因素是协调平衡、相互作用且统一的。在补偿过程中,应当对每个因素的作用都做一个具体分析,并且有时候事物的主要矛盾可能是由某一因素决定的,且在另外一个时期还会发生变化。总的来说,如果忽视了社会和意识因素而只强调生物学因素的话,就很可能使补偿成为自发的自然过程;如果忽视生物学因素而只强调社会和意识因素,则可能会使人们提出超过客观可能性的补偿要求。

总而言之,在补偿中应当统一且全面地分析内因与外因、先天和后天等诸多因素的作用,以便缺陷补偿过程能够顺利进行。

(二)缺陷补偿理论的基本观点

1.残疾儿童的共性与特性

根据缺陷补偿理论,特殊教育的主要对象是残疾儿童,对其实施教育的前提是科学界定残疾儿童与普通儿童的共性和个性。残疾儿童的特殊是建立在一般基础上的特殊。首先,残疾儿童是人,遵循一般发展规律;其次,特殊儿童有其特殊性。

2.残疾儿童缺陷的本质

残疾儿童的本质是另外一个关键性问题。根据缺陷补偿理论的观点,从发展的角度看,残疾儿童发展的特点是生物学发展和文化发展(由符号中介的,是儿童与成人间社会互动的结果)的分离,而正常儿童的发展则是二者的结合。残疾儿童发展的本质就在于此:残疾儿童的发展缺少普通儿童发展的环境,而环境的剥夺使得残疾儿童更偏离正常。

3.残疾儿童的特殊性

残疾儿童的特殊性主要表现在两个方面。

第一,文化发展环境剥夺。如前文所述,是否给予残疾儿童正常的环境将会影响该儿童的发展。例如,鲁利亚的双生子实验被广泛引用,作为双生智力落后幼儿兄弟在离开双人环境,各自进入普通幼儿园之后智力发生巨大变化的例证。

第二,生物学发展上的第一性缺陷与第二性缺陷。从生理上看,残疾儿童的生理基础出现了问题。对残疾儿童一定要区分出第一性缺陷、第二性缺陷和其他次生缺陷,之后要在诸多次生缺陷中分清主要缺陷和次要缺陷，这样才能找到其发展特点和实质。如耳聋者，其第一性缺陷是聋，第二性缺陷则是由聋导致的哑。"聋"导致了语言发展迟缓，致使其整个心理活动受到严重影响，所以语言发展障碍是次生缺陷中的主要缺陷。

4.残疾儿童缺陷补偿的实质

缺陷补偿是对特殊儿童的认知和理解。因此，补偿是针对特殊儿童某种受损/缺失的器质或某种受损的功能而言的。

缺陷补偿有两种含义：一是用先进的医学手段对受损/缺失的器官进行部分或全面的修复，如人工耳蜗手术和助听器的佩戴；二是用机体健全的部分代替、弥补被损害的部分，如手语可以代替语言与他人进行交流沟通。缺陷补偿的提出意味着特殊儿童被损害的机能可以得到不同程度的恢复、弥补或替代。但其补偿过程是动态的，并且受到三方面因素的影响：生物、社会、个体心理。生物学因素是缺陷补偿成为可能的物质基础；社会因素是指特殊儿童生活的周遭环境，如学校、社区、家庭等；心理因素则是特殊儿童对自己的态度。

5.缺陷补偿的方法

在儿童发展过程中产生的派生性缺陷从原则上说是可以事先预防或者用医疗、教育措施加以消除的，即第一性缺陷是疾病的影响，主要由医学来解决，其他缺陷则由教育来解决。因此，对残疾儿童进行缺陷补偿最主要的途径或方法是开展缺陷补偿教育。其中，文化发展是缺陷补偿的一个主要领域，当器官的进一步发展不可能时，文化发展的道路是开放的、不受约束的。

（三）缺陷补偿理论的教育目标

因为特殊教育学校所面对的学生是有缺陷的，而这个缺陷的程度是通过与社会标准进行比较所产生的差异的大小来确定的，所以特殊教育的主要任务就在于对学生的缺陷进行补偿，以便达到社会所期望的水平。这样，特殊教育的目标就是向普通教育看齐。特殊儿童最终能否达到与普通儿童同样的发展水平或者在多大程度上达到与普通儿童同样的发展水平成为衡量特殊教育效果的基础性指标。根据缺陷补偿理论，特殊教育的重要任务是对特殊儿童的缺陷进行补偿，以使其能够得到发展，具有一定的劳动技能，适应社会生活。

对特殊儿童进行补偿的目的在于促进其对社会的适应。想要使其顺利适应社会，就要关注其在社会发展方面的需求。学校化的特殊教育面临的一个基本问题是：什么知识和经验对于特殊儿童的成长与发展具有核心价值？按照前面的分析，这里所谓的核心价值就是促进儿童对社会的适应。但是这又带来一个新的问题，通过教育所营造出来的特殊儿童所适应的社会是儿童现实生活的世界还是未来的生活世界？如果是前者，则现实生活社会的各种基本技能就成为特殊教育的唯一来源。如果是后者，则不仅要顾及现实的生活社会，而且要预测儿童未来的生活世界及其对社会成员的要求，这就意味着特殊教育不仅要使儿童学会现实生活技能，而且要具有未来生活世界要求的基本素养和能力。这就是说，人们不仅要分析现实的人类社会生活，而且要分析和预测未来的人类社会生活，并在此基础上确定特殊教育的目标。

需要指出的是，在现实生活中，残疾往往意味着疾病、残疾意味着缺陷、残疾意味着不足、残疾意味着发展的限制、残疾意味着功能的缺失……在这样的观念下，特殊儿童的独特价值与可能优势被遮蔽了，特殊儿童生活的个体意义被忽略了，特殊儿童丰富的精神世界和情感生活被忽视了。这些情况应该引起教育者的足够重视。

（四）缺陷补偿理论的创新——特殊课程模式

按照一般的逻辑，特殊教育对象是生理或者智力具有某种缺陷的儿童。"有缺陷"意味着某种感觉通道或者信息加工通道的缺失或阻塞。当医学无法应对这种问题的时候，教育就要显示出其独特的价值。

因为导致儿童缺陷的根源在于儿童自身，所以教育就有两种最基本的思路：一是充分运用儿童缺损器官的剩余功能，二是利用健全器官代替受损器官，建立新的行为应对模式。这两种思路虽然侧重点不一样，但是最终的目的是相似的：从影响或改变儿童内部状态入手，使之形成主流社会的行为模式，成为一个"正常"的人。于是特殊教育学校就需要设计一套独特的课程内容和教学方法，这也是特殊教育的特殊所在。

特殊儿童是有缺陷的，这种缺陷是相对于普通儿童而言的，而特殊教育的有效性就是缺陷的补偿程度以及特殊儿童各种能力水平与正常儿童平均水平之间差异的缩小程度。所以，特殊儿童的课程以普通教育课程为基准，再根据特殊儿童的智力水平与能力层次进行相应调整，使专属于视障、听障、智障三类儿童的学校课程渐趋定型化，形成"特殊"与"普通"相区隔、平行分立的"特殊教育学校课程"。

特殊课程模式对于特殊儿童具有很强的针对性，使得学生获得了具有核心价值的知识和经验，有利于提高其社会适应性，并且促进了相关教学方法的发展，如个别化教育计划、动画教学等。

特殊课程模式也有局限性：①强化"标签"。缺陷补偿所补的就是缺陷，这样就无可避免地对儿童进行类型、程度的划分，导致从观念上不断强化消极"标签"的影响——"我有缺陷"或者"这个孩子有缺陷，不能要求太高"等，降低了人们的期望值，导致教育质量低下。②特殊教育课程模式的评价方式是学生学业成绩与成长记录相结合的综合评价方式，并不纳入统一的普通课程评价体系，这使一部分能够达到普通课程标准的学生丧失了能够展现自身学习能力的权利和机会。③各类特殊教育学校的课程之间是相互独立和封闭的，无法满足不同障碍类别、不同障碍程度学生的教育需求。因此，随着特殊教育对象范围的扩大和融合教育的深化，传统的平行分立课程模式缺乏系统性和学理依据，不利于特殊教育的发展。

第三节　我国特殊教育的意义

一、促进特殊儿童的发展

（一）更好地开发特殊儿童的潜能

特殊教育一般都有经过特别设计的课程、教材、教学方法、教学组织形式和设备，强调根据特殊儿童的身心状况和不同水平进行有针对性的个别化教学。与普通教育相比，特殊教育能更好地对儿童因材施教，最大限度地激发特殊儿童的潜能。而在普通教育中，多采用统一教材、统一进度、统一要求的班级教学模式，很难照顾到学习基础差、接受水平过低的儿童，不能满足不同水平儿童的学习需要。因此，特殊教育能更好地激发特殊儿童的潜力。

（二）使特殊儿童成为自食其力的劳动者

教育是一种人力资源的开发。教育的资金投入可以产生个人的经济效益和社会效益。未受教育或受教育程度很低的残疾人，很多都要靠父母或社会来抚养。但是，在接受一定的教育和职业训练后，他们就有可能成为自食其力的劳动者，甚至和正常人一样发挥自己的聪明才智，依靠自己的劳动为社会创造财富。而他们也只有在为社会服务的时候，才能看到自己的社会价值。

特殊教育的一个重要特征就是针对复杂多样的个别差异采取个别化的教育教学措施，最大限度地满足特殊儿童的特殊学习需要，通过适当的课程内容、组织安排、教学方法、教学策略、资源使用，以及与社区的合作等，使特殊儿童逐渐成长为自食其力的、对社会有用的劳动者和接班人。

（三）更好地保障特殊儿童的受教育权利

我国特殊教育相关条例明确规定，特殊教育是教育的一个重要组成部分，受教育权是每个儿童不可剥夺的权利。特殊儿童由于受到身心障碍的影响，往往处于社会边缘，成为典型的被排斥、被歧视的弱势群体。而特殊教育能使他们享有受教育的权利，满足他们的基本学习需求。同时，特殊教育也是他们充分激发自己的潜能、有尊严地生活和工作、充分参与发展、改善自己生活质量所必需的。

二、推动社会的和谐发展

（一）促进社会民主

特殊教育是随着社会进步，特别是人权进步而发展的，它是社会民主进步的一种体现。特殊教育体现了特殊儿童对社会民主与平等的诉求。特殊教育突出地体现了教育民主化特征，并通过对教育民主的追求，进而促进社会民主。

特殊教育作为教育民主化的一项重要内容，为特殊儿童提供了一个平等接受教育的机会，包括入学机会均等，教育过程中享有教育资源机会的均等和教育结果的均等。特殊教育通过对特殊儿童进行平等的教育，来保障他们的受教育权和学习权，这也有利于促进社会民主。

（二）促进社会公平

特殊教育在促进社会公平方面，主要表现为改变人们的社会观念、宣传平等思想。特殊教育作为一项社会活动，其本身就是弘扬公平、正义、民主、平等的过程。因此，特殊教育必然会促进社会的公平。

20世纪中期以来，男女平等、教育平等逐渐成为人们的共识，许多国家都在法律中明确规定，每个公民都享有接受教育的权利。《中华人民共和国宪法》第四十五条规定："国家和社会帮助安排盲、聋、哑和其他有残疾的公民的劳动、生活和教育。"发展特殊教育是实现社会公平权利的必由之路。

（三）促进社会文明

特殊教育是针对特殊儿童的教育，更是针对严重的感官残疾人的教育。

特殊儿童从被歧视、被虐待、被剥夺教育的权利，到被同情和被接纳，经历了漫长而艰难的过程。特殊教育本身就是人类社会生产力和文明程度不断提高的产物，特殊教育的发展是社会物质文明和精神文明发展的重要标志。因此，特殊教育能促进社会文明。

三、有利于提高教育水平

特殊教育为特殊儿童，尤其是残疾儿童提供了接受教育的机会，同时也促进了普通教育的发展。随着我国特殊教育的发展，特别是特殊儿童随班就读的推行，特殊儿童的义务教育基本普及。在特殊儿童和正常儿童的融合教育中，要培养儿童之间互助友爱的精神。此外，一部分特殊儿童刻苦学习的行为也会为正常儿童树立榜样，这有助于使特殊教育与普通教育相互促进，共同发展。

目前，特殊教育的发展主要体现在以下两个方面。

（一）形成了完备的特殊教育体系

受教育的对象由盲人和聋哑人扩大到其他类型残疾人，接受教育的年限逐步增加，教育层次覆盖了学前教育、义务教育、高中教育、职业教育、高等教育及短期培训等，国家明确规定了扩大特殊教育对象的范围，将原来的以三类残疾人为主扩展到其他各个类型的残疾人，要求适应形势发展要求，探索适合各类残疾人的教学方法、编写适合各类残疾人的专门教材，组织与各类残疾人教育相关的经验交流研讨会。特殊教育的对象由盲、聋、智力障碍三种逐渐扩大到自闭症儿童、肢体残疾儿童、语言障碍儿童、多重和重度残疾儿童等，实现了各类残疾儿童的教育平等。

国家在发展特殊教育的时候，重点考虑了残疾儿童的义务教育，保障了残疾儿童在义务教育阶段受教育的权利。在残疾儿童接受义务教育得到保障的同时，国家对学前教育阶段也开始关注。早在1980年，国家就结合残疾儿童康复工作的需要，要求各类学前教育机构对残疾儿童要早发现、早干预。要求有条件的幼儿园及各类学前教育机构接受适龄的残疾儿童入园，各级政府也要设立了大量的康复治疗、行为矫正、早期教育等机构对残疾儿童进行早期教育。经过四十多年的发展，残疾儿童的学前教育及康复机构现在已经初具规模，基本上满足了残疾儿童学前教育的需求。

在高等教育领域，随着时代的进步，社会的发展，文明程度的提高，各个高校已经全面取消了在残疾学生招生考试、入学等方面的歧视性规定，残疾人进入大学学习的机会也越来越多。专门为残疾学生对口招生的院校也得到了很好的发展。其中，长春大学特殊教育学院就是我国特殊教育高等教育办学的示范和典型。

残疾人中职教育发展更是搭上了国家经济发展的快车。改革开放后，在我国经济快速发展的同时，残疾人的中职教育也得到了快速的发展。中职教育不仅使残疾人接受了教育，还有利于残疾人实现就业，使他们自食其力，为他们融入社会奠定了基础。

截至2022年，我国的特殊教育体系已经非常完备，不仅为特殊学生建立了相应的特殊教育学校，同时在普通教育的各个阶段，各类学校还为残疾人接受教育提供了便利条件。在吸收国际先进的特殊教育理念（如融合教育理念、全纳教育理念）的基础上，特殊教育学校、残疾人短期培训机构、社区特殊教育服务机构等一应俱全。我国基本上建立了适应中国国情的，具有中国特色的特殊教育体系，为世界残疾人事业的发展贡献了自己的力量。

（二）支持特殊教育发展的社会氛围日益浓厚

关心、支持特殊教育的社会氛围越来越浓厚。近年来，社会慈善组织、公益组织等相关的社会机构纷纷成立，这些机构在关心和支持特殊教育方面不遗余力。以前，特殊教育学校无人问津，但是现在局面正在悄悄地发生变化，社会资助、爱心捐款捐物正在从零星的自发组织转变成为经常性的捐助，慈善事业成为特殊教育学校发展的一大助力。新闻媒体、社会工作者等相关机构和人员也纷纷关注特殊教育，用自己的力量和方式为特殊教育的发展注入了新的活力。

第二章　特殊教育班级教学理论

第一节　特殊教育班级教学的基本知识

一、特殊教育班级教学的特点、原则与任务

（一）特殊教育班级教学特点

教学是教师教与学生学的双边活动，是双方共同作用的过程，是教与学的统一。特殊教育教学是指有特殊需要的学生在教师的指导下，最大限度地获得身心补偿，掌握所学知识和技能，发展能力并形成情感、态度和价值观的活动。需要特别指出的是，由于教学对象具有特殊性，我们不能狭隘地把特殊教育教学理解为课堂学科知识的教学。

在特殊教育教学中，教师还要培养学生的社会适应能力、普通生活技能并进行康复性训练，如听觉与言语训练、沟通训练、感知能力训练、视觉功能训练等。这些内容是教学活动的重要组成部分。由于特殊教育的教育对象和教学任务具有特殊性，故而特殊教育班级教学具有自身特点，主要表现在以下几方面。

1. 教学的个别化

特殊教育班级教学是集体教学与个别教学相结合、特别注重教学个别化的活动。特殊教育是根据教学对象的特点而进行的，完整的教学活动则应当通过个别化的教学设计而展开。因此，个别化是特殊教育的主要特点。

普通教育也提倡个别化，但普通教育的教育对象的差别不大，不会达到高度的个别化。特殊教育班级教学的个别化要在教学目标、教学内容、教学方法，乃至教学材料、学具的选择等方面考虑到每一名教学对象的特点，分析其认知能力的特点和独特的学习需求，从而采取有针对性的教学策略。

总的来说，教育对象的个别化差异是特殊教育的前提，关注和满足教育对象的特殊

需求应贯穿特殊教育的全过程。

2.教学的精细化

特殊教育班级教学的精细化程度非常高,要满足不同教育对象的发展需求。特殊儿童在生理和心理方面存在障碍,其感知能力的发展受到抑制,在学习时的认知速度、广度和深度受到影响。因此,在特殊教育班级教学活动中,教学活动的设计及其开展要体现出精细化的特征。

首先,精细化表现在教师要在教学活动中呈现出细节,完整、清晰地表达每一个教学的细节,将教学内容清晰、准确地传递给学生,使学生形成明确的认知理解线索。在教学中要注意学生的表现,降低学生的认知障碍对学生学习的影响,从而获得良好的教学效果。

其次,精细化在教学活动的结构化方面也有所体现。这一特点在存在发展性学习障碍的学生的教学活动中表现得特别明显,尤其是针对自闭症儿童开展的教学活动。结构化教学是指教师要将学生学习的特点作为依据,对学生学习的时间、环境、材料及用具进行系统安排,其精细化程度要求非常高。

最后,学习活动中反复和持续的练习也是精细化的一种表现。特殊儿童在学习知识和技能时都需要进行大量的重复性练习,只有经过大量的重复性练习才能使其掌握相关内容。精细化教学对教师的细心和耐心程度、信心和智慧等都有较高要求。

(二)特殊教育班级教学原则

教学原则是指在教学目标和教学规律的指导下确定的能够对教学工作进行指导的基本要求。教学原则的制定需要将客观要求作为依据,教学原则要对教学实践经验进行总结和概括。同时,它也是教学规律的反映,受到教学目的的制约。普通教学原则通常包括直观性原则、启发性原则、系统性原则、思想性和科学性相统一原则、理论联系实际原则等。特殊教育和普通教育有相同之处,也有自身的特点。在特殊教育中,除要遵循普通教育的相关原则外,还要遵循以下几条重要的教学原则,它们在特殊教育教学中具有特殊的意义。

1.适调性原则

适调性原则是指为满足特殊儿童的学习需求,要调整教学中的各项要素,保证学生能够顺利完成学习任务。适调性原则主要要求对以下四个要素进行调节:一是调节学习目标，即根据学生的实际水平和接受能力，确定相应的目标要求。二是调节学习材料的类型，即随时给学生提供替代材料或补充材料。譬如提供可触摸盲文、触摸凸起图或录音磁带等代替印刷信息，或用图标/实物来替代文字，帮助学生理解概念等。三是调节学习的时间，即要制定因人而异的学习时间表，如允许一些学生做费时较少的作业，或给出较充裕的时间，或进行动静交替的短时学习活动，以解决特殊儿童注意力不够集中的问题。四是调节学习的强度，即对学习内容的难度和分量做出必要的调整，如将作业分解为几个相对费时较短的学习任务，来弱化学习的强度，或突出课本中包含关键概念的段落，或布置数量较少的作业等。

2.差异性原则

差异性原则是指在教学中，教师根据特殊儿童的个别差异，确定教学要求、教学内容、教学进度和教学方法，以满足每个儿童的独特的教学需要。这对障碍儿童的教学具有特殊的意义。因为障碍不同，教学中的特殊需要也有所不同。即使同一类别的障碍儿童，障碍的性质、程度等不同，也会导致不同的教学需要。因此，差异性教学原则要求教师必须了解儿童的个别差异以及由此引发的特殊教学需要，尽可能采取个别化的教学策略与方法，以达到个别化的教学目标。

3.补偿性原则

补偿性原则是指教师在教学中要充分发挥缺陷补偿的作用，把传授知识与缺陷补偿紧密地结合起来。缺陷得不到补偿，障碍学生就无法获得知识，教学也就无法顺利进行。因此，贯彻补偿性原则，要求教师在传授文化知识的过程中，既要重视生理补偿，又要注重心理补偿；既要重视学生文化知识的学习，又要重视各种适应性技能的训练，使学生在掌握知识的过程中，不断训练各种感觉器官的功能以及自身的适应能力，从而获得相应的提高，实现缺陷补偿与潜能开发的统一发展。

特殊教育的教学原则和普通教育的教学原则共同组成了相互联系的整体，在特殊教育中需要切实坚持这些原则，以提高教学质量，保证教学目标的顺利实现。

（三）特殊教育班级教学任务

特殊教育教学任务的实质是教学目的的具体化，是特殊教育活动要获得的最终效果。特殊教育教学任务要在课程和教学内容中有所体现。特殊教育的教育目的、学生的生理特征和心理特征、学科的性质、教学条件等因素都会对特殊教育的教学任务造成影响。不同种类和不同阶段特殊教育的教学目标和教学要求不同，教学任务也不同。总的来看，特殊教育的教学任务主要有以下几个。

1. 社会适应能力的培养

特殊教育在培养特殊儿童的基础知识和基本技能时，还会培养特殊儿童的社会适应能力。知识是人类对客观事物的现象和规律的认识，是社会实践的经验概括和总结，也是人类武装自己、认识世界、改造世界、增强自身能力的武器。

在义务教育阶段，特殊儿童在接受特殊教育过程中主要是学习基础性的科学文化知识和基本技能，具体包括自然科学、社会科学、哲学以及语言文字等。但由于生理方面的制约，很多特殊儿童在社会适应能力方面存在障碍。因此，特殊教育要在培养特殊儿童的基础知识、基本技能的同时，培养他们的社会适应能力。

社会适应能力是指人对社会环境和自然环境的适应能力，包括生活、学习、劳动、人际交往能力等。社会适应能力主要包括个人生活自理能力、基本劳动能力、选择并从事某种职业的能力、社会交往能力、用道德规范约束自己的能力。不同类型的特殊儿童和问题严重程度不同的特殊儿童对社会适应能力的需求也不一样，对于智力损伤或问题严重的特殊儿童，通常需要培养其在所有领域的适应能力。

2. 生命意识的培养

特殊教育在注重培养特殊儿童的基础知识、思想品德和审美情趣时，还要注重培养学生的生命意识。

教学活动具有教育性，不仅要培养儿童的基本认知能力，还要培养儿童的品德和情感。特殊教育是一种社会主义精神文明教育，要注重对儿童进行生命意识教育。

生命意识教育主要是教导儿童珍爱生命、尊重生命，是一种培养儿童的生存技能，提高儿童的生命质量的教育活动。生命意识教育的本质是尊重生命，认识生命的价值。在特殊儿童的生命意识教育中，要使特殊儿童形成对生命价值的正确认识、对自身问题的正确认识，培养其顽强拼搏的精神。

因此，特殊教育中的生命意识培养对特殊儿童来说有重要意义。生命意识教育能够让特殊儿童了解到生命的价值和生命的意义，从而珍惜和敬畏生命，发扬自强不息的拼搏精神，实现自我的生命价值。

3. 开发潜在能力

在发展学生的智力、创造力等各种能力时，还要注重开发学生的潜能。掌握文化知识与发展智力、体力和能力是教学活动中相辅相成的任务。智力是人的认识能力,一般包括观察力、注意力、记忆力、思维力、想象力和创造力。体力是指人在活动时需要的力量。能力则指使用知识进行智力活动的能力,即分析问题、解决问题的能力,包括一般能力和特殊能力。潜能是指潜在性的没有表现出来的能力。

智力的发展对人的潜力的发展和能力的实现有决定性作用,体力的发展则对智力的发展和能力的实现起到支撑作用。特殊儿童由于生理方面存在障碍,智力和体力方面的发展会受到影响。比如,视觉障碍会影响学生的观察能力和身体的运动能力,语言障碍会影响学生的抽象概括能力,这些都会阻碍或限制学生智力的发展,但这并不意味着限制、阻碍了智力结构中所有因素的发展。根据多元智力理论,即使是障碍儿童,在智力结构中也有强项,即优势智力,但这种优势是潜在性的,不容易被人们发现。因此,在特殊教育中,发展特殊儿童的智力主要是采用缺陷补偿与优势潜能开发等手段,这也是开发潜在能力的方式。

二、特殊教育班级教学方法

教学方法是指在教学过程中教师和学生为实现教学目的、完成教学任务而采取的相互作用的活动方式、步骤、手段和技术的总称。教学活动中采用的教学方法包括教师的教法和学生的学法。教师的教法要在学生的学法中体现出来,而学生的学法在本质上是在教师的指导下的学习方法。虽然学生会采用自学的方式进行学习,但这种自学是一种受教师影响的学习活动,所以教学方法是教法与学法的辩证统一。

在教学活动中使用教学方法的目的是提高学生的学习效率。目前,教育理论界一般将教学方法分为以下五类:以语言传授为主的方法、以直观感知为主的方法、以实际训练为主的方法、以引导探究为主的方法、以情感陶冶为主的方法。这五类教学方法都是常规的教学方法,在特殊教育教学中有着广泛的运用。掌握并运用教学方法是合格教师的基本能力。

在特殊教育教学中,由于教学对象具有特殊性,教学方法也同样有特殊性。特殊教育教学常用的方法有如下几种。

（一）多维感知法

多维感知法又称感官并用法，它是强调在教学时调动各种感觉器官的功能，使障碍学生从不同的角度、不同的侧面来感知事物、接收信息，从而加深对事物的理解，提高教学效果的方法。任何事物都有多重属性，能从不同的方面反映事物的本质或内涵。人的各种器官也各有其独特的功能，能从不同的方面感受事物的属性而达到认识的目的。比如，视障学生可以充分发展听、触、嗅、味等感官的功能，达到感知目的。如果教一个盲童理解香蕉的概念，那么教师不仅要告知他香蕉的颜色，还应让他触摸香蕉的形状，闻香蕉的气味，最好买来实物，让他品尝一下香蕉的味道。这样，盲童才能通过多感官的感知来认识香蕉的特性，获得比较完整的认识。

（二）任务分析法

大多数障碍学生学习新的技能时无法一蹴而就，因而教师要把学习任务分解成几个小的步骤，这种方法就是所谓的任务分析法。任务分析法也被称为工作分析法，任务分析法是分析和评定复杂的学习行为的方法，其宗旨是使学生逐步有效地学习该行为。

任务分析法的步骤为：先将目标教学任务分为比较小的单元，然后分析、评定学生掌握行为或技能的难点，根据这些难点制定教学方法，使学生完成每个单元的任务。例如，如果一个学生要学习刷牙，首先要让他习惯把牙刷放在嘴里，然后才可以实施后续的步骤，即找到牙膏、拧下牙膏管的帽盖、把牙膏挤在牙刷上，等等。在教学新的或复杂的技能时，为确保学生能成功地学会，教师可以把所有的分解步骤具体地写下来，这样便于实施。

（三）游戏表演法

游戏表演法是指在教学活动中使用游戏的方法对学生进行教育，这是一种具有愉悦性的教学方法。多种多样的游戏能够充分调动学生的积极性，刺激学生的主动性，帮助学生理解和记忆知识。在教学中，教师应根据教学目的和教学内容，创造性地设计一些游戏，达到寓教于乐的目的。教学时运用游戏不是教学目的，而是教学手段，游戏要兼顾教学的内容和学生的兴趣。游戏表演法特别适用于注意能力差的智障儿童教学，其中唱游课是较为典型的一种。

（四）模仿法

模仿法是指在教学活动中使学生对教师的语言或行为进行模仿，纠正学生的错误行为，使学生的行为更加协调。这种方法有利于学生的智力发展。模仿法常用在智障儿童教学中。由于智力存在障碍的特殊儿童的理解能力比较差，智障儿童的认识主要靠模仿和记忆。模仿适用于动作技能教学，如体育课、体操课、舞蹈课、手工课等。通过模仿教师的动作，学生的大脑机能可以得到改善。

（五）情境教学法

情境教学是指在日常生活、学习、工作的情境中实施教学。陶行知先生的生活教育即强调日常生活是对人生动、形象、有效的教育。人在日常情境中学到的东西最多、最真实。教育植根在生活当中才有生命力，才能促进人的成长。在特殊教育诸多教学方法中，情境教学为首选，这既是一种教学法，也是一种教育意识。

1.情境教学的优势

①情境中有人、事、物的组合。

②情境真实自然，有着鲜明、具体的形象和情节。

③情境给人暗示和模仿。情境常能形成一种气氛，置身其中的人将受到感染与暗示，因而一旦有相应的行为与情绪产生，学生很大概率会自觉模仿学习。

④人每时每刻都处于一定的情境当中。人的学习一旦置于恰当的情境中，练习效率会提高。

⑤在情境中学习，学生能直接看到学习行为的结果，这种实效性学习能增强学生学习的兴趣。

⑥情境能增强人的学习意愿。人处在情境中既愿意学，也容易学，特别是那些生活自理方面的、操作性强的内容。

2.情境教学的特点

①自然。

②学生有主动参与性。

③易收实效。

3.情境教学的步骤

①选择情境。

②调查所选情境。

③分析所选情境。

(六) 直接教学法

直接教学法是教师应用组织精密、层次分明的教材与有效的教学方法,直接预防与补救学生学业及其他技能缺失的教学模式。

直接教学法源于贝雷特(C. Bereiter)和英格尔曼(S. Engleman)的学前哲学及经验,应用在特殊儿童教材编选、语文和数学教学、社会技能学习、生活技能等方面。任何学生都能学习,只要教师组织系统的教学,选择适当教材,运用适当的教学方法。

1.直接教学法的特点

直接教学法具有结构化特征,要求教师有充分准备,要有教材、范例,要做好练习的设计、教材顺序的安排、教学技巧的运用等工作。

直接教学法一次只教一种新技能,这样学生容易成功,教师也容易找出学生失败的原因。直接教学法强调学生在教师引导下进行较为充分的练习,将密集练习与分散练习相结合、集体练习与个别练习相结合、教师协助与独立操作练习相结合,从而帮助学生更好地学习知识,获得能力。

2.直接教学法课程设计

直接教学法的课程设计以教学计划与组织安排为依据,确定教学目标。

(1)范例要求

教师给出的例子应该既有正例又有负例,范例的量要够,范围要广,以免以偏概全。

(2)教学顺序与设计

一般先易后难,先教常例再教特例,先教适用的基础技能,后教易混淆、不易辨别的技能,应多设计练习。练习的种类可以分为密集式练习与分散式练习、重点练习与系统练习、协助练习与独立练习等。各种类型的练习在教学中均应有所考虑。

(3)练习时间设计

各种练习的时段要预设,并安排复习时间。

（七）合作学习

合作学习是一种利用小组分组学习以提高个人和小组其他成员学习效果的教学方法。合作学习教学方法可以用来教授特定内容，强化学生的认知过程，提升学习效果。

合作学习的特点有以下几个。

①异质分组：依据学生的能力、性别、社会经验背景等，将学生分入不同小组中，小组成员相互指导、相互学习、分享不同经验。

②积极互助：全小组成员共同学习，积极互助。每个学生均有两个责任，一是学习分配的材料，二是帮助同伴掌握相关知识。

③面对面互动：教师指导学生有效互助，交换使用资源，有效处理信息等。

小组成功是指组内每一个人都成功，而不只是以某个成功的个人来代表小组。合作学习反对只顾自己而不顾其他成员的行为，要求采取"共同学习、独自表现"的方式。

在合作学习的过程中，学生不仅能掌握特定的知识和技能，还可以学习人际交往的技巧。常用的合作学习方法包括学生小组学习法、共同学习法、团体探究法、协同合作法、复合教学法等。

三、特殊教育班级教学组织形式

（一）小班教学

小班教学顾名思义是指规模较小的班级授课制。班级授课制是按照一定的数量将学生根据年级、学业程度等因素组成班级，教师面对班级全体学生，根据教学计划规定的课堂内容、教学时数和教学进度进行教学的组织形式。小班教学的主要特点是教师能够在固定时间对同一个班的学生进行教学，这在很大程度上能够提高教学效率。但这种方法也有缺点，即不能为学生提供有针对性的教学。

小班授课制是目前我国特殊教育学校最基本的教学组织形式。鉴于特殊儿童的生理障碍和特殊需求，教师需要把控教学难度和教学任务，班级学生通常少于12人。因此，人数少、班额小、年级单一是我国大多数特殊教育学校小班授课的特点。

由于特殊教育学校或特殊教育班级中学生的个别差异比较大，并且障碍程度也不相同，因此班级授课制的缺点也就相对明显。这就要求特殊教育学校在教学过程中更加注重贯彻个别化的因材施教原则，处理好统一要求和个别差异的关系，同时注意班级授课制与其他教学形式的结合。

（二）小组教学

这里的小组教学不是指班级课堂内的分组教学，而是把具有相同或相近学习水平的学生以 4~5 人为单位，编成不同的小组进行教学的形式。一些特殊教育学校实施无班级授课制，即不根据学生的年级或班级分配教室，而将学生安置到固定的教室中接受教育，对大部分学科课程则实施小组分层。学校根据学生的实际情况和每名学生的特殊需求为学生制定有针对性的教学计划，每名学生都能够根据自己独特的教学安排自行找教师学习。每名教师通常负责一个小组的教学，小组学生一般在 5 名左右且相对固定。这种无班级授课的小组教学已成为一些发达国家特殊教育学校主要的教学组织形式。

（三）分类教学

分类教学主要指特殊教育学校按学生障碍的类别或障碍程度的差异实施的教学组织形式。目前，我国许多特殊教育学校已逐步综合化，由招收单一障碍类别的学生转向招收兼有多重类别障碍的学生。为了更好地开展个别化教学，一般在同一学校采取听障班、视障班、智障班，以及多重障碍班等分类编班形式实施分类教学。

还有一种分类教学是按障碍程度将学生进行区分对待、实行针对性教学的一种组织形式，如可以将学生分为全盲和低视、聋与重听、轻度智障与中度智障等。按障碍程度分类教学的意义在于，重视障碍程度的差异，让不同程度的学生获得相应的发展，满足其特殊的教育需要。

（四）走班教学

走班教学是指在不改变以班级为主体的教学形式下，让个别有特殊教育需要的学生跨年级进入其他班级学习，以更好地适应差异，充分培养学生潜能的一种教学组织形式。走班教学通常有学科走班、兴趣走班、导师走班、特需走班等类型。

（五）合作教学

如果课堂上仅靠一名教师来照顾不同的学生，那么想要满足学生的特殊学习需要是有困难的，往往需要两名或两名以上的教师进行配合才能完成教学任务，这种方式就是合作教学。合作教学在国外又称协作教学，即在课堂上由两名以上教师共同合作上课，或分担教学任务，或主辅结合，或侧重帮助有特殊需要学生学习的教学形式。

（六）个别教学

个别教学就是教师对单个学生进行的一对一教学组织形式，即教师根据个别教育计划对单个学生实施的单独的教学。个别教学的优点是可以根据学生的实际需要进行有针对性的教学，对于满足学生的个别差异有着重要的意义。

个别教学在技能性、康复性训练的课程教学中占有重要的地位。由于我国特殊教育学校教学资源有限，目前个别教学的形式还不普遍，大多是以补救性的个别辅导措施进行的。这种补救性的个别辅导主要是针对班级某些个别差异特别突出的学生而组织的。个别教学是集体教学不能兼顾学生的差异时，为满足学生的特殊需求而使用的教学组织形式。

第二节　特殊教育教学模式

一、特殊儿童早期教育模式

（一）家庭教育模式

家庭教育模式是指特殊儿童的家长接受特殊教育的基本训练，能够对特殊儿童进行教育的教育模式。家长是儿童的主要教育者，家庭和社会形成一个教育环境系统，家庭作为这个大的环境系统中最直接的参与者来执行教育计划，其效果通常是非常明显的。

有研究表明，家庭的经济收入、家长的受教育水平和智力水平不会影响特殊儿童接受教育的效果，但是家长对特殊儿童的态度会影响特殊儿童接受教育的效果。

在实行这一教育模式之前，学校要对特殊儿童的父母进行必要的训练，使他们掌握一些基本的特殊教育知识和训练技能。这种模式以家长教育儿童为主，专业人员可以定期到各个家庭中指导家长。如果条件允许的话，可以在一个社区内设立小型咨询中心，咨询中心邀请各方面专家为家长答疑解惑，还可以定期举行交流会议，以解决家长在教育过程中遇到的问题。

实行家庭教育模式有很多优点：一是家庭中的学习气氛比较宽松，能够使特殊儿童适应学习的环境，有利于积极行为的巩固；二是家长是儿童最好的老师，对特殊儿童有全面的了解，和特殊儿童之间关系密切，有利于开展教育活动；三是家庭教育不需要特殊的场地，而且全体家庭成员都有参与的机会；四是教育费用比较少。

但是，家庭教育模式也存在不足之处：一是家长虽受过一定培训，但毕竟不是专业的特殊教育人员，缺乏系统的特殊教育知识，会影响教育的效果；二是特殊儿童长时间在家庭这个封闭的环境中生活，其社会适应能力的发展会受到阻碍；三是缺乏参照对象，儿童的进步幅度、发展速度不易被家长及时发现，不能适当地调整教育计划；四是家庭教育模式比较松散，不同家庭儿童的家长互不见面，不利于家长之间进行交流；五是不同家长持有不同的教育态度，而不同的教育态度会影响教育效果。因此，家庭教育模式应和其他教育模式结合起来使用。

（二）医疗康复模式

医疗康复模式是一种将医疗养护和教育训练融为一体的特殊教育模式，多以儿童康复医院和养护班的形式存在。这种模式适合比较严重的残疾儿童和病弱儿童。儿童康复医院或儿童康复中心配有医生、护士、教师、心理学工作者和物理治疗师等，这些专业人员会对特殊儿童的生理和心理发展的实际状况进行分析，从而提出有针对性的训练计划。

医疗康复模式不仅适用于特殊儿童的学前教育，也适用于学龄期教育。那些需要特别医疗护理且能接受适度学业指导的学龄儿童，尤其是患有各种慢性病（如严重贫血、营养不良）的病弱儿童，需要采用这种特殊教育模式。

医疗康复教育模式也以不同的形式出现。例如，有根据地理环境命名的儿童疗养院，如露天疗养院、林间疗养院、海滨疗养院、湖畔疗养院等，有附设在儿童医院的病床教学班，有附设在普通幼儿园、小学的养护班，还有专为不能坚持每天到校上课的儿童设置的函授教学班。

（三）训练中心模式

训练中心模式是当前广泛使用的一种特殊教育模式。训练中心通常是政府或民间组织投资建立的，配备有固定的活动场所、专业的特殊教育人员和完善的特殊教育设备。

在一些经济比较发达的国家，许多人口比较密集的社区都建有特殊教育活动中心或训练中心，或是在社区活动中心里开设特殊教育培训部，附近的家长可定期带孩子到中心接受有关的特殊教育训练。这种教育模式多适合5～7岁的学龄前特殊儿童。

近几年来，我国一些大中城市和某些县城也建立了聋儿语训中心、聋儿康复中心之类的训练中心。有的学校还附设这一类培训中心，承担了部分特殊教育指导工作，也取得了明显的效果。

训练中心模式的优点有很多：一是训练中心集中了经过系统训练的、从事特殊教育的专业人员，这些人员在一种精心安排的环境中进行教学，教育效果更为理想；二是训练中心有比较齐全的特殊教育设备供儿童使用；三是在训练中心，特殊教育教师、心理学家、医务人员和社会工作者可以运用自己的专业知识来帮助家长解决特殊教育中的疑难问题，特殊儿童的家长也可以交流信息，讨论问题；四是与家庭教育模式相比，训练中心模式更有集体学习氛围，特殊儿童能够和更多的伙伴进行接触，这也能够促进特殊儿童的社会交往能力和社会适应能力的发展。

但是，训练中心模式也存在缺点：一是费用高；二是训练中心的教学无论是地理距离还是心理距离，对家长来说都十分遥远，限制了家长直接参与教学活动，也不利于亲子关系的发展；三是建立训练中心需要经济投入，不适合贫困地区和居住分散、交通不便的地区。

（四）综合训练模式

综合训练模式是一种将家庭训练和社区训练结合起来的特殊教育模式。家庭教育模式和训练中心模式各有优点，为了充分利用这两种教育模式的长处，我们可以采用两种模式相结合的方法，从而解决单纯使用一种模式时所产生的问题。综合训练模式将有组织、有计划的强化教育和稳定的家庭教育环境结合起来，将集体学习气氛和亲情结合起来，这将更有利于儿童的发展。这种模式采用的训练方法是，家长定期送特殊儿童到特殊教育训练中心接受特殊教育和训练，同时在家中对在特殊教育中心学习到的技能进行练习。不同年龄的特殊儿童到特殊教育训练中心的频率不同，一般是婴幼儿一周 1 次，2～3 岁儿童一周 2 次，4～5 岁儿童一周 3 次。在训练中心参加活动之后，家长利用家中的物品作为教学材料，将从训练中心学到的教学方法灵活地运用到家庭教育中。

我们要根据实际情况，选择和运用家庭教育、训练中心、综合训练及医疗康复等特殊教育模式。这四种特殊教育模式，既适用于特殊儿童的早期教育，也适用于特殊儿童的学龄期教育。

二、特殊儿童学校教育的模式

学龄期特殊儿童是指 7～18 岁的特殊儿童和青少年，他们是特殊教育的主要对象。目前许多国家都把学龄期特殊儿童的教育列入了国民义务教育的范围，并以法律的形式确定下来。随着世界特殊教育的发展，学龄期特殊教育的模式也在发生变化。

（一）特殊教育学校模式

特殊教育学校模式是特殊教育历史上存在时间比较长的教育模式，即为不同类型的特殊儿童，尤其是残疾较严重的儿童设立专门的特殊教育学校。专门的聋校、盲校、智障学校、盲聋学校等都是这种教育模式的体现。特殊教育学校有半日制、全日制、寄宿制等多种形式。在我国，特殊教育学校多为全日制寄宿学校。

特殊教育学校一般配有经过系统培训的特殊教育师资和比较齐全的教学设施，能够为问题比较严重的特殊儿童提供特殊教育。但这些特殊儿童长时间在特殊教育学校中生活和学习，难以适应外界社会，在学习结束离开学校后难以与普通人正常相处。

就我国特殊教育发展的现状而言，全国各种类型的特殊教育学校仍承担了我国特殊教育的主要任务。这些特殊教育学校由于基础较好、设备比较齐全，成为各地特殊教育的教学、科研和人员培训的中心。特殊教育学校模式也是我国特殊教育中采用较广泛的一种模式。

（二）特殊教育班模式

特殊教育班模式是指在普通学校设立特殊教育班，对特殊儿童进行特殊教育。特殊教育班的人数一般是 10~15 个。特殊教育班的教师需要由接受过特殊教育训练的教师担任。特殊教育班一般使用个别教学的方式对学生进行个性化的教学。在这个特殊教育班里，教师必须根据儿童残疾的种类和程度进行适当的训练活动。特殊儿童除在特殊教育班学习外，还需要和普通儿童共同参与活动，以促进其交往能力的发展。

这种教育模式经过国内外多年的实践，已经十分成熟，其优势主要有以下几点。

第一，特殊儿童和普通儿童共同活动能够促进彼此之间的了解。

第二，教师可以根据特殊儿童的实际情况对其进行有针对性的教学。

第三，特殊教育班可以为特殊儿童提供适合其发展的环境，从而能够获得良好的教学效果。

第四，能够促使儿童对人际关系形成正确的认识。

（三）资源教室模式

资源教室模式是在特殊教育中效果比较显著的一种教育模式，在普通班级学习的特殊儿童能够利用部分时间到资源教室接受特殊教育。

资源教室通常用来安置问题比较小的特殊儿童。资源教室模式最早在美国和加拿大流行，近些年在很多国家得到推广。资源教室模式的主要特点是充分利用学校的各种资源，为特殊儿童提供良好的教育环境。

想要运用好资源教室模式，首先要建立 1~2 个资源教室。这种教室比一般的教室要大一些，根据教学需要可以分为多个教学角。教室中需要配备黑板、桌椅等基本设施，还要配备专门为特殊教育服务的语言学习机、盲文打字机、专用电子计算机，以及一系列测试与评定的量表。资源教室需要由专门的负责人进行管理，为需要接受特殊教育的儿童安排课程表。

在资源教室模式中，教师需要承担教学方案的执行工作，同时承担辅导特殊儿童的工作，另外也要为家长提供咨询服务。资源教师的主要工作是矫治存在学业不良、有行为或社会适应问题的各类学生，使其能够在普通班级中进行学习。这就要求资源教师必须受过系统的特殊教育方面的培训，并在教育实践中承担多项职责。

现阶段在特殊教育较为发达的国家,资源教室模式得到了普遍应用。一些学校充分利用资源教室对特殊儿童进行评估和鉴定,向家长宣传特殊教育的基本知识和基础技能。

（四）其他特殊教育模式

特殊教育的主要思想是主张特殊儿童在障碍比较少的环境中接受教育,这种思想在世界范围内有着广泛影响。最早期的特殊教育的对象是轻度智力障碍儿童,后来逐渐包括其他类别的轻度障碍儿童,也包括一些中度和重度的残疾儿童。除上述教育模式外,还有一些不太常见的特殊教育模式。

1.一体化教育模式

一体化教育模式打破了传统的将特殊儿童安置在特殊教育学校或特殊教育班级中接受教育的形式,提倡特殊儿童和普通儿童共同在普通学校中接受教育,同时根据特殊儿童的实际问题开展有针对性的教育,为其制订教学计划,并保证特殊儿童能够和普通儿童共同生活和学习。

2.全纳教育模式

20世纪90年代,在国际特殊教育领域出现了全纳教育或融合教育这种观点,全纳性学校也纷纷建立起来。1994年,世界特殊教育大会上通过的《萨拉曼卡宣言——关于特殊需要教育的原则、政策与实践》中明确提出了全纳教育的思想。全纳性学校要能够满足所有儿童的发展需要,包括特殊儿童的发展需要。尽量保证所有儿童能够共同学习。因此,全纳性学校要能够提供所有儿童都适应的学习方式和学习环境,通过适宜的课程、学校组织、教学策略、社区合作,确保教育质量。

3.随班就读模式

我国随班就读的特殊教育模式与西方的一体化和回归主流模式在形式上有共同之处,这也是在普通教育机构中对特殊儿童实施教育的一种形式,即让特殊儿童和年龄相同的普通儿童共同学习,教师要根据特殊儿童的需求对其进行特殊教育。但是,随班就读模式在出发点、指导思想、实施办法等方面具有鲜明的中国特色。

在我国的特殊教育中,随班就读是一种重要模式。2020年,教育部印发《关于加强残疾儿童少年义务教育阶段随班就读工作的指导意见》,明确提出:"要将随班就读纳入当地普及义务教育的整体工作中,统筹谋划,一体推进,实现应随尽随并不断提升随班就读质量。"该指导意见还对随班就读的具体实施做出了严格的规定。例如，普通学校要根据国家普通中小学课程方案、课程标准和统一教材要求，充分尊重和遵循残疾学生的身心特点和学习规律，结合每位残疾学生残疾类别和程度的实际情况，合理调整课程教学内容，科学转化教学方式，不断提高对随班就读残疾学生教育的适宜性和有效性；普通学校要针对残疾学生的特性，制订个别化教育教学方案，落实"一人一案"，努力为每名学生提供适合的教育；接收随班就读学生的普通学校要在做好无障碍环境建设基础上，最大限度创设促进残疾学生与普通学生相互融合的校园文化环境；要密切与残疾学生家长联系与沟通，加强家庭教育工作与指导，引导家长树立科学育儿观念，履行家庭教育主体责任。

除上述几种特殊教育模式之外，还有特殊教育巡回服务中心，鉴别、诊断、评估中心，行为训练中心，咨询中心等特殊教育模式。这些教育模式的出发点是，采用不同的形式和方法，在限制最少的条件下，最大限度地满足特殊儿童的需要，使特殊儿童做到生活上自理、经济上独立，最大限度地发挥自己的潜能。

为了体现特殊教育与普通教育一体化的思想，许多特殊教育发展水平比较高的国家采用得最多、最广泛的特殊教育模式是在普通学校建立资源教室，其次便是在普通学校设置特殊教育班。这两种教育模式有助于特殊儿童与普通儿童之间的交往，增强特殊儿童的适应能力。

第三节　特殊教育班级教学活动

一、集体教学活动

在集体教学活动中，更多的同学聚在一起，教师开展丰富多彩的集体活动，学生在集体中互动学习，可感受集体活动的气氛等。做好集体教学，应注意以下几点：一是面向班级每一个学生，找到全体学生的共同性、规律性，并面向全班学生的教育教学进行教学设计；二是分析全体同学中存在的差异性并对其进行分层、分类教学；三是针对特殊学生与学生群体的差异，为满足其特殊教育需求，制订个别化教育计划。

（一）集体教学活动的基本原则

一方面要遵循学生身心发展规律，看到学生群体的差异性，满足特殊学生的个别需求，构建各方兼容的特殊教育体系。另一方面，要在实际操作中，将个案置于班级、课堂中，归入年级、班级的教学管理；或是从集体管理和集体教学设计方面考虑分类、分层教学，考虑特殊教育学生的需求。

（二）集体教学活动的组织形式

集体教学活动是常见的一种教学组织形式。教师在集体教学活动中要考虑每一位学生的参与度，做好集体活动参与人员的组织工作，掌握参与人员的情况，工作分配要明确，特别是主、助教应默契配合。在活动之前主教要主动将该活动的目的、方式、步骤、所需协助、怎样协助等内容详细告知助教，并请助教提出意见与建议。

要做好集体活动场地的安排，并准备相应的物资。集体活动前需要进行场地选择、安排，场地应符合教学活动的需要，且应考虑安全性。教学资源需在活动前全部准备好。

集体活动时可分小组安排座位，也可进行一些调整。比如，需协助的学生在助教旁，需提示的学生在主教旁，能起示范作用的学生间隔在学生之间，能自己学习的学生安排在教室中间等。根据学生需求和活动的需要，座位可以排成圆圈，也可以排成半圆形。

（三）集体教学活动的教学策略

教师的示范、说明应让全体学生都能看见或听见，比如教师的手势、动作、声音，教师出示的教具、教材等。

主教在进行集体教学活动时应将学生的注意力吸引到自己身上，助教辅助主教，必要时为学生作正确的示范。出现干扰事件时，由助教处理问题，主教仍继续开展教学活动。

进行练习活动时，主、助教都应指导、协助学生。要求学生轮流做动作时可以让程度较好的学生先做，目的是给后面的学生以示范；其次是注意力集中的学生，这是对注意行为的肯定与赞扬；再次是最想表现的学生，既让其学习等待，同时又给予其表现的机会；最后是知识掌握不牢固的学生，这样能让他们不断向前面的学生学习，更好地掌握动作要领。

（四）集体教学活动的注意事项

1.每个学生都参与

集体教学活动需要调动起每个学生的参与积极性。在集体活动中，既要注重对每个学生的关照，又要强调个体间的互动，这样才能更好地发挥集体活动的作用。

2.实施群点教学

集体教学活动中普通儿童称为群，特殊儿童称为点。在集体教学中实施个别化教学，关键是要处理好群与点的关系。

二、小组教学活动

（一）小组教学活动概述

小组活动人数适中，便于学生练习和教师教学；同时，小组活动也给学生创造了一个互动的机会。在小组中，学生彼此交往较为充分，可以相互启发、模仿、学习。它可以弥补集体教学中教师照顾不到每一位学生的缺点，也可以弥补一对一教学中缺少同伴互动的不足，是特殊教育中较有效的教学活动组织形式。

1.小组活动的基本原则

①要能使小组所有学生都参与活动，并有在一起的活动。

②要有能引起所有学生注意的活动。

③能使小组学生有各种形式的反应经历。

④在作轮流反应时其他学生也能注意观察。

⑤在对学生进行个别指导时，其他学生能有目标地进行自己的活动。

⑥每个学生的反应都能获得教师的注意，教师应有反馈，使学生的行为得到增强。

⑦小组活动应满足每个学生的个别化教育需求，每个学生都应有自己的学习目标。

⑧学生能从其他同学处得到启发，调整自己的行为。

2.小组活动组织步骤

（1）编组

编组的依据有二：一是同质分组，即将学习程度、能力相近的学生分为一组，这种分组方式较常见；二是异质性分组，即学习内容基本相同，依年龄而非学习程度、水平进行分组的方式。

（2）建立常规

编组以后应建立起小组活动的常规，如作业常规、提问常规、物品收纳常规等。小组活动刚开始进行时，以常规练习为主。只有建立了常规，后续活动的开展才有保障。

（3）安排教学环境、资源

首先，确定小组活动参与教师，或相关人员。除确定具体人员外，还要落实参与人员的信息，即在何时、何地以何种方式参与小组活动。其次，准备好活动所需的一切教育资源，且应多备一份，放在方便拿取的地方。最后，做好教学环境调查和安排。比如，在操场上进行球类小组练习时，事先应准备好所需的球，并画好比赛线等。

此外，在进行教学活动时，还可根据活动需要搬移桌椅，席地而坐。教师可以在中间，也可与学生围成一圈。学生可分为里圈与外圈，里圈坐、外圈蹲或站，也可相对而坐等。

（4）确定小组活动策略

小组活动策略可以是同时指导全组学生、依序轮流指导个别学生、先同时教全组再个别指导学生。

选择何种活动策略要考虑学习内容、目标、学习材料的性质，各学生的学习特质，本材料的学习阶段、学习速度、学生人数等。

3.小组活动需注意解决的问题

（1）在进行个别指导时兼顾其他学生

教师要预先做好准备，明确每个学生个别指导的内容、练习形式。在对某个学生进行指导时，其他学生应该有设计好的练习。教师要利用学生的榜样与提示效应，帮助其他学生进行学习，从而有更多的个别指导时间。良好的教学秩序是小组活动正常开展的保证，教师在进行个别指导时要注意掌握好时间。

（2）培养学生的自我练习能力

教师要有意识地培养学生自我练习的习惯与能力。学生自我练习的材料应是学生学习过的,不能太难,也不能太简单。一般自我练习作业最好是学生已学会并能达到一定正确率的,否则学生会因太难而出现分心行为。教师可以安排变化多的、有挑战性的、有自动反馈的自我练习作业,以激发学生的学习兴趣和动机。

学生在练习中常会遇到需得到教师直接帮助的问题。为避免学生大声提问或离开座位询问教师,造成教学秩序混乱,师生双方应有一些规定。比如,举手,轻轻站起来,选小组长、值日生等配合教师工作等。学生自我练习中的许多常规规范,教师应有示范、说明,并让学生反复练习,形成习惯。

(二)小组教学的特殊形式——个别补救教学活动

个别补救教学活动是指由教师专门对某位学生所作的一对一的教学指导活动。个别补救指导活动能针对该学生存在的问题作较为细致的面对面的指导,是特殊教育经常采用的一种教学形式。

1.个别补救教学适用的情况

(1)机能性补救

学生存在机能性障碍,比如肌肉萎缩、发音器官缺陷,需要进行物理治疗和语言治疗等。这在有条件的地方一般由专业人员,比如康复医生、语言训练师定期评估、指导,教学由教师执行。在不具备条件的地方,这些工作均由教师开展,多采用一对一的教学方式。

(2)教学性补救

对于因教学方法有误、练习环境不良引起的学习困难,虽采用多种教学方法均无法达到目标,需通过个别教学进行补救。

个别教学活动通常只关心目标达成情况,所以大多数情况下直接针对教学目标进行,而不太考虑活动的趣味性。但为了达到教学目标,活动设计也不能过于刻板和僵硬。如对学生进行发音训练时,有训练舌头灵活性这一项,若只是频频地让学生伸、缩舌头,做舌头绕圈动作,一两次尚可,多次进行就会出现问题。对此,教师可以给学生唇部涂上甜的食物,练习吞食,或者让学生吃坚果、长段的菜,训练舌头的搅拌动作。

2.个别补救教学活动实施策略

教师与学生之间要建立良好的相互接纳关系。教师对学生的问题要重点关注,并结合教材,准备相应作业。

在活动开始时，要求学生集中注意力。教师要说明本课的教学内容，在必要时，进行进一步说明与示范。在进行练习活动时，学生要做反应操作。教师要肯定那些较为正确的反应操作，修正不正确操作，在反复练习中，逐渐增加要求、减少协助。在活动结束时，教师应对练习进行检查和反馈。

第四节　特殊教育教学评价

一、特殊教育教学评价的含义和要求

（一）特殊教育教学评价的含义

特殊教育教学评价是指在教育方针政策和教育理论的指导下，根据确定的特殊教育目标，采用一定的技术和方法，对各级各类特殊教育学校的教育活动和结果进行价值判断的活动。长期以来，我国特殊教育教学评价主要包括学生评价和教师评价两大方面。近些年，我国强化了特殊教育的发展力度，提出了关心特殊教育、支持特殊教育和办好特殊教育的方针政策，加强了特殊教育学校评价。

（二）特殊教育教学评价的要求

2020年10月，中共中央、国务院印发了《深化新时代教育评价改革总体方案》，指出"教育评价事关教育发展方向，有什么样的评价指挥棒，就有什么样的办学导向"。特殊教育评价要以习近平新时代中国特色社会主义思想为指导，全面贯彻党的教育方针，要改进结果评价，强化过程评价，探索增值评价，健全综合评价，充分利用信息技术，提高教育评价的科学性、专业性、客观性。因此，特殊教育要不断完善立德树人体制机制，扭转不科学的教育评价导向，提高特殊教育治理能力和水平，加快推进特殊教育改革和发展，办好特殊教育。

2021年《"十四五"特殊教育发展提升行动计划》进一步提出了"强化督导评估"，

要求"在省级人民政府履行教育职责督导评价和义务教育优质均衡发展督导评估认定中,将特殊教育改革发展情况作为重要内容"。《"十四五"特殊教育发展提升行动计划》明确提出:"各地教育督导部门和责任督学要将特殊教育纳入督导范围。省级人民政府要加强对特殊教育发展提升行动计划实施情况的指导与督查,将落实情况纳入市县两级政府绩效考核,建立激励与问责机制,确保特殊教育发展提升行动计划有效实施。"

二、特殊教育教学评价的内容

我国目前的特殊教育教学评价主要包括学生评价、教师评价和学校评价三个方面。

(一)特殊教育学生评价

特殊教育学生评价受应试教育的影响,常把考试与评价、考试分数与学生发展等同,存在评价功能单一、评价标准单一、评价内容片面、评价方法单调、评价主体单一等问题。普通教育经过教学改革,基本形成了基于学生综合素质或素养的教育评价模式,例如,评价主体多元化,评价方式多样化,评价要有利于促进学生和教师发展、有利于促进教学改革等。但是特殊教育依然维持着传统的评价模式、落后的评价方式和方法。

特殊教育学生评价是指在一定教育价值观指导下,根据一定的标准,运用现代教育评价的方法和技术,对学生的思想品德、学业成绩、身心素质、情感态度以及社会适应能力、潜能开发、缺陷补偿等方面的发展过程和状况进行价值判断的活动。

特殊教育评价的主要任务应是在检验特殊教育学校对学生进行思想品德、文化知识和身心补偿教育的同时,评估学生的生活自理能力、社会适应能力和劳动就业能力是否得到相应的培养。

可见,建立促进特殊学生全面发展的考试评价体系,是当前特殊教育改革与发展中的重要问题。如何通过考试评价让每一位特殊学生清楚地知道自身的真实发展水平,是教育评价的主要任务,更是特殊教育学校教师要思考的问题。

1.评价学生社会化发展

满足社会化发展需求是特殊教育质量要求的出发点和归宿点,基于这一要求的课程体系已经在教育部 2007 年印发的《盲校义务教育课程设置实验方案》《聋校义务教育课程设置实验方案》和《培智学校义务教育课程设置实验方案》中分别得到不同程度的体现。但对于如何评价学生的社会化发展，在实际操作中还存在一些问题。

首先，特殊教育学校具有特殊性，其课程的有效性和质量有待商榷，也缺乏明确的衡量标准。更困难的是，对于特殊教育学校是否以开放和多元化的办学思路有目的地培养学生的交流与合作能力，我们较难在短期内作出评价。想要评价学生的社会化发展水平，就要把学生置于社会实际环境中观察其反应。因此，对学生的社会化发展情况进行评价，应引入家长和社会这两个评价主体。同时，还要引入学生就业（升学）单位进行评价这一环节，从而了解特殊学生的社会适应能力。家长和社会评价可采用年度评价或者阶段评价的方式，直接评价学校教育在学生交流能力培养方面的效果。学生就业（升学）单位评价可采用追踪评价的方式，由就业（升学）单位对学生在新岗位的适应性与合作性进行评价。

2.评价学生个性化发展

对特殊教育进行质量评价时，要更多地关注学校教育是否满足了学生个性化发展的需要。这需要学校在特殊教育课程设置方案的基础上，实行个别化教育，并根据学生需求开发和建设校本课程，建设校园文化，形成各具特色的本土化课程体系。特殊学生的个性化发展评价的内容主要包括潜能发展、知识掌握、技能获得和人格完善等。

（1）潜能发展的评价

在学生潜能发展方面，要着重关注以下几点。

一是早期干预，预防缺陷。在办学结构上，要看学前教育是否为特殊教育体系中的重要环节，是否达到了预期效果；在课程体系上，要看学校是否具备科学、系统的早期干预课程体系与康复训练技术力量；在效应上，要看教育活动中是否有完备、合理、科学的学生个别化教育和成长记录，以便据此分析教育效果和质量。

二是潜能开发，突破极限。潜能开发就是用有效的方式开发特殊学生的内在潜力。例如，通过科学的听觉刺激开发视障学生的听觉潜能；通过科学的视觉刺激开发听障学生的视觉潜能；通过感觉综合训练，开发智障儿童的协调能力等。

三是缺陷补偿，康复身心。对不同年龄层次和具备补偿康复可能性的学生，进行有针对性的系统康复教育和补偿缺陷训练。这个方面的评价，体现在课程体系上就是看是否具有系统规划的补偿康复课程和相应的师资力量；体现在学生个体上，就是注重评价学生个别化教育效果。

（2）知识掌握的评价

对特殊学生知识掌握的情况进行质量评价，可借鉴普通学校评价机制中较为成熟的思路和方法，适当采用知识点考核等评价手段。但要把握这一评价结果在整个质量评价体系中的权重，既不能将其等同于总体的质量评价，也不能全然舍弃它。

（3）技能获得的评价

在特殊学生个体发展需求中，获得有效技能和相应职业能力是不可或缺的。对技能获得的评价应包含两个层次：由教育行政部门基于职业教育属性开展的评价，学生就业（升学）单位的评价。

（4）人格完善的评价

不管是基于人的社会属性还是自然属性，健全的人格、符合社会道德的情感价值观，都是特殊教育学校教育教学的重点任务，也应是对特殊学生进行个性化评价的重点内容之一。对人格、情感态度和价值观的评价，历来比较困难，现在可适时借助互联网等渠道，采用社会调查等形式，邀请社会人士参与评价。由此，学校要积极主动地引导学生融入社会，增加社会对特殊教育的认识与了解，同时要加强德育、美育、体育和劳动教育等，引导学生健康发展。

（二）特殊教育教师评价

特殊教育教师评价是指通过对特殊教育学校教师素质及其在教学过程中的具体行为表现状况进行分析，了解教师综合素质与教学效果，并针对存在的问题提出增强教师综合素质与教学效果的可行性建议与策略。

有研究者认为，特殊教育教师评价应主要采用自上而下的教师评价机制，校长、教导处负责教师的评价考核工作；评价形式应主要包括教师综合业务考核、学期教学年终考核和课堂教学评价三个方面。

1.教师综合业务考核

以某特殊教育学校教师综合业务考核为例。该校对教师的评价主要是从政治觉悟、师德修养、教学工作、教育工作、科研工作、专业水平和进修、工作负荷等几个方面进行的。其中政治觉悟包括思想政治观念、爱岗敬业等，师德修养包括基本职业道德等，教学工作包括教学心理水平、教学效果和成绩、学科教学水平、教学知识掌握和课外辅导情况等，教育工作包括常规学生管理和教育、班主任工作能力和管理、差异化教育效果等,科研工作包括教学研究活动和交流、科研成果等,专业水平和进修包括教育理论、专业知识、专业能力等,工作负荷包括工作数量和出勤情况等。

特殊教育学校的教师与普通学校的教师一样,都是光荣的人民教师。特殊教育学校的教育对象是特殊儿童,他们需要更多的关心和帮助,所以特殊教育学校的教师需要面对来自学生、家庭、社会等方面的更大压力。特殊教育学校的教师承担着教育和训练特殊儿童,使他们将来能有尊严地生活和工作的使命。因此,与普通学校的教师相比,特殊教育学校的教师需要有更多的爱心、耐心、恒心和信心,以及付出更多的时间、精力和体力。

2.教师年终考核

特殊教育学校教师年终考核的内容主要包括德、能、勤和绩四个方面。

教师"德"方面的考核内容有:热爱祖国,爱岗敬业;热爱和认同特殊教育工作;贯彻教育方针,依法执教;严谨治学,团结协作;尊重家长,关爱学生。

教师"能"方面的考核内容有:精心组织教学,目标明确;研究教学方法,注重教学效果;认真批改作业,因材施教。

教师"勤"方面的考核内容有:工作认真负责,出勤率高。

教师"绩"方面的考核内容有:教学和科研成绩突出。

3.课堂教学评价

课堂教学评价是反映教师专业知识和专业能力的关键部分,但是这种评价也具有一定的局限性和偶然性,例如,一堂课的教学方法、组织模式等很难代表特殊教育教师的全部能力。

以某市特殊教育学校的课堂教学评价为例。课堂教学评价的内容包括教学大纲设计、教学方法选取、课堂教学思路、课堂教学态度,以及课堂教学重点是否突出、是否注重对学生的思维引导、是否注重教学内容与社会生活的联系、是否兼顾学生特殊性和个性化差异、课堂提问是否恰当且富有启发性、作业设计是否有效且具有实用性等。特殊教育学校教师课堂教学评价主要包括对教学大纲,教师方法、思路、态度等的评价,以及教师对学生引导效果的评价。其中"注重教学内容与社会生活的联系"和"兼顾学生特殊性和个性化差异"是特殊教育学校教师课堂评价的重点,在一定程度上体现了特殊教育的特色。

特殊教育教师评价关系着学校的发展和教师专业素养的提升,是特殊教育学校管理教师的重要方式和手段。虽然我国 2015 年已经印发《特殊教育教师专业标准（试行）》，但并没有对特殊教育学校的教师提出具体可行的评价标准，从而导致特殊教育学校存在教师评价机制不健全、评价内容缺乏全面性、教师评价主体权重分配不均、教师评价标准不适用等问题，导致评价实际效果不尽如人意。

（三）特殊教育学校评价

1.特殊教育学校评价的含义

特殊教育学校评价是指运用教育评价的理论和方法，根据教育方针，对学校全部工作成绩和管理效能进行的评定估量。特殊教育学校评价主要有学校办学目标、学校工作计划、学校管理质量、学校教学工作、学校经费设施和设备状况、学校管理人员与教师等方面的评价。

2.特殊教育学校评价的内容

有研究者认为特殊教育学校评价体系由办学资源、课程教学、师资队伍、医疗康复、社会适应和荣誉表现等六个方面组成。其中，办学资源包括公用经费、环境设备；课程教学包括课程设置、课程资源、教学方法；师资队伍包括师生比、学历结构、专业化水平、课题成果、教师待遇；医疗康复包括康复资源、健康达标率、智力发展；社会适应包括掌握劳动技能的情况、生活能力的提高情况；荣誉表现包括学校获得荣誉情况、学生获得荣誉情况、教师获得荣誉情况。

3.特殊教育学校评价的局限性

我国特殊教育学校评价目前还存在一些问题。

一是评价主体单一。目前，在特殊教育领域，我国大多数地区是由政府部门组织制定与特殊教育相关的实施条例、准则，然后公布，通知各个特殊教育学校按照实施条例进行自我整改，政府部门会定期派相关人员对特殊教育学校的整改情况进行验收。从中可以看出政府在学校评价中处于主体地位。在特殊教育学校评价中，政府既是教育质量评价的倡导者又是实施者和协调者，这种质量评价方式容易造成被评价学校缺乏积极性和主动性。

二是评价要素覆盖面较窄。目前，我国大多数特殊教育学校评价内容不全面，多仅侧重某一维度。

三是评价指标体系运行效率不高。近年来，我国虽然在基本条件保障方面取得了一定成绩,但是从总体来看,评价指标体系还不健全,且运行效率不高。

4.特殊教育学校评价的建议

为了提高特殊教育学校评价的质量和效益,在对特殊教育学校进行评价时要做到以下几点。

一是要构建多元主体参与的评价体系。一个全面的评价指标体系应该是多元主体共同参与的,应由学校、家长、社会和教育部门一起参与,也可以引入第三方评估机构。所以在构建特殊教育学校评价体系时,要注重多元主体参与。首先,重视对特殊教育教师的评估。一方面,教师要学会自我评价;另一方面,家长和特殊学生也要和学校保持密切联系,向学校反馈教师的教学能力与态度,促进学校、家长和教师三方联动的教师评价机制的建立。其次,积极引导家长参与到特殊教育学校的教育质量评估中,保障残疾儿童的受教育权,认真听取家长在课程设置、教学方法等方面提出的合理化建议。最后,教育部门可以利用网络,建立信息交流平台,促进政府与家长、教师之间的沟通,发挥媒体对教育问题的监督作用,提高教育质量评估的公信力。

二是要完善特殊教育保障体系。完善的保障体系是特殊教育发展及特殊教育学校评价标准建立的依据。想要提高特殊教育水平,我国相关部门就应当为特殊教育事业的平稳发展提供相应的保障。促进教育事业发展不仅要做到政策制度完善、财政投入充裕,还要保障师资队伍建设。我国相关部门要制定有针对性且操作性强的特殊教育法律体系,引导各地区从上至下有序地开展特殊教育工作;政府部门应进一步加大对特殊教育的投入,促进特殊教育事业蓬勃发展;相关部门要保障教师队伍建设,不断提高教师水平,如保证教师的基本福利和岗位津贴,做好教师的岗位培训等。

三是要扩大特殊教育评估要素的覆盖范围。特殊教育学校评价指标体系应该涉及更多的评估要素,应当引入社会评价、家长评价和教师评价等。社会评价可以是用人单位的评价,也可以由学校所在辖区的社区委员会进行评价。对学生发展的考察不能仅仅局限于学习成绩和获奖情况,学校可以建立一个动态的成长档案,记录每一位特殊学生知识获取、技能增长、身体康复以及社会适应四方面的动态变化。

总之,再全面的评估要素也要紧扣特殊教育的最终目的,即最大限度地满足社会的要求和特殊儿童的教育需要,发展他们的潜能,使他们增长知识、获得技能、完善人格,增强他们的社会适应能力,使他们成为对社会有用的人才。

第五节 特殊教育班级心理辅导

一、特殊教育班级心理辅导的基本理论

（一）班级心理辅导的概念

班级心理辅导是在班级团体的心理环境中为成员提供心理帮助与指导的一种辅导形式，即以班级团体为单位，运用适当的团体辅导理论和技术，通过班级成员的互动，促使个体在人际交往中认识自我、接纳自我，调整和改善与他人的关系，学习新的态度与行为方式，增强适应能力，以预防或解决成长中的问题并激发个体潜能。

班级心理辅导强调尊重人自身的潜能和重视培养团体凝聚力，以营造民主、平等、和谐的班级气氛为前提，以丰富多彩的班级活动为途径，以唤起学生内在发展需求、调动学生积极参与、"助人自助"为基本特征，最终达到增强班级凝聚力，促进学生个体和班级团体共同成长的目标，为探索科学的班级管理规律找到一条新的道路。

（二）班级心理辅导的特点

班级心理辅导作为心理辅导的形式之一，与个别心理辅导在许多方面是相似的：第一，目标相似，二者均是帮助求助者自我指导与自我发展；第二，对象相似，二者都是针对遭遇发展问题的个体，结合个体的兴趣、要求辅导；第三，对辅导员的要求相似，都要求辅导员掌握心理辅导的各种技术。

由于班级心理辅导强调班级构成人员的相互作用，因此班级心理辅导与个别心理辅导相比具有其独特性：一是可同时辅导多名学生；二是学生互为彼此的典范，能促进正向的同伴关系；三是班级的形式更适合学校教育。

在班级团体中，部分人的不良行为习惯可能对其他成员产生负面影响。在班级中，由于人数较多，易产生冲突与恶性竞争，处理不好会使成员受到伤害等。所以，作为一名合格的心理辅导教师，应该充分认识到班级心理辅导的局限性，正确选择辅导的主题，恰当运用辅导的技巧，保护好每一个成员，避免其受到心理上的伤害，使班级心理辅导发挥最大的作用。

(三) 班级心理辅导的功能

1. 认知功能

班级心理辅导的认知功能是指在班级心理辅导过程中，可进行结构性的认知学习或咨询（如性格培养、人际交往训练、情绪处理、压力处理、性知识教育、爱心培养、法律知识学习等），这种认知学习的方法不同于传统的单向传递方法，而是让学生参加各种团体中的互动活动，在团体动力场中用探究、体验、尝试、实践等方式学习。

2. 发展功能

班级心理辅导的发展功能是指着眼于每个学生的健全人格培养与潜能开发，根据青少年儿童心理发展各个阶段的特点进行辅导，为他们终身发展奠定内在的基础。在班级心理辅导过程中，学生可以通过团体了解自己和他人，接纳自己和他人，了解班级与学校，并融入这个集体，朝着健康的方向发展。

3. 预防功能

班级心理辅导的预防功能是指对一部分有可能产生心理和行为问题的学生进行辅导，防患于未然。学习困难学生、人际关系不良学生、过分焦虑学生、家庭环境不利学生等，都应该是班级心理辅导重点关注的对象。通常，学生在班级团体的互动中，是非常容易显示出其个人身心的问题或矛盾的，教师能很容易观察到学生存在的问题，对此，教师要引导学生勇敢面对和解决问题，帮助学生成长。

4. 矫治功能

班级心理辅导的矫治功能是指解决个别学生已经形成的心理和行为问题，针对盲生、聋生、智力障碍学生，以及存在注意缺陷与多动障碍、孤独症、学校恐惧症、反社会人格倾向、抑郁症等的学生，进行有效的矫治。

在以上四个功能中，认知、预防、矫治功能和发展是相互联系的，三者也都是为了发展，但发展功能较之这三个功能更具积极意义，因此，我们更加强调发展性的班级心理辅导。

(四) 班级心理辅导的意义

学生的成长及班级的成长需要心理辅导。班级心理辅导要与传统的教育、管理方式相结合，这是特殊教育学校班级建设的根本要求。

1.特殊学生成长与发展的需要

特殊学生的心智还未成熟，人生经验不足，在成长道路上会遇到许多社会适应性方面的问题。且特殊学生的心理发展与生理发展不同步，这使得他们会经常遇到情绪低落、心理冲突、是非辨别困难等问题。他们需要成年人多与他们沟通，在沟通中得到帮助，对于青春期的特殊学生尤为如此。

2.班级科学管理的需要

传统的教育方式有许多优点，对于这些优点我们要继承和发扬。但我们也要看到，随着素质教育理念的提出，传统教育方式有很多不足之处，而且这种不足日益凸显。对此，我们可以用心理辅导的方法去完善传统教育。

运用心理辅导的方式进行班级管理，可以更好地体现以人为本的现代教育理念，从而激发学生内在的潜能，形成班级凝聚力，促进学生的良性互动，提高班级的教育实效性。

二、特殊教育班级心理辅导的具体实施

（一）班级心理辅导的实施原则

1.全体性原则

班级心理辅导应以全体学生为对象，对于少数行为异常的学生，教师应加强个案研究，实施特殊辅导。班级心理辅导是面向全体学生、为全体学生服务的，其目的是培养全体学生良好的心理素质，提高其心理机能，开发其心理潜能，促进班级整体素质的提高和个体的和谐发展。

心理辅导的着眼点是所有学生，教师要尽量避免只让那些活跃的学生发言，而应当给予那些平时不太引人注意的、没有机会"表现"的大多数学生表现的机会。

当然，在关注全体学生的同时，教师也不可忽视个别有特殊需求的学生。教师要关注这些学生，给予及时、具体的特殊辅导。当然，这种辅导最好是不露痕迹的，要维护学生的自尊。

2.发展性原则

班级心理辅导应帮助学生了解自己，认识环境，让学生健康地成长。班级心理辅导

必须以发展的眼光来看待学生的心理状况，辅导活动必须立足于促进学生的心理发展，而不仅仅限于心理健康的一般要求。

辅导要走在发展的前面，也就是说，心理辅导的要求必须高于学生现有的心理发展水平，要能使学生向心理上的最近发展区靠近。当这个要求完成以后，最近发展水平会转变成现有发展水平。此时，班级心理辅导活动并未结束，而应创设新的最近发展区，鼓励学生发挥主观能动性，在心理发展的阶梯上更进一步。

3.主体性原则

班级心理辅导应以协助为出发点，承认并尊重学生的主体地位，而非"代替""指示""强迫"或"命令"。班级心理辅导中要承认和尊重学生的主体地位，激发和调动学生自我心理发展的自觉性和积极性，其原因主要有：首先，学生自己是心理发展的主体，辅导的影响只有通过学生主体心理活动才能起作用；其次，学生自身的心理特点也要求我们注意主体性原则，在班级心理辅导中切忌运用"我教你学，我说你听"的旧模式。

主体性原则要求教师在组织班级心理辅导的内容和活动时，充分考虑满足学生的正确需要，只有这样才能唤起学生的兴趣，激发学生的主动性和积极性。

主体性原则还要求不可事事由教师包办。班级心理辅导强调"他助—互助—自助"的过程，教师和同学的他助、互助只是手段，学生能够自助才是目的。所以，特殊教育班的教师要改变包办过多、主观臆断过多的行事方式。自始至终，教师应以引导者、协助者的姿态出现。

4.活动性原则

班级心理辅导应灵活采用讨论、报告、访问、表演、绘图、填表、调查、辩论、播放幻灯片和电影等活动方式，以提高团体辅导的效果。

贯彻活动性原则时要注意：活动的组织要符合学生心理发展的需要，要与学生的年龄特征相适应；活动的安排要体现新颖性、时代性和兴趣性，让学生愿意参加，喜欢参与；在设计活动时，要考虑活动的难度，让每一个学生都能参与。

（二）班级心理辅导的实施内容

1.学习辅导

班级心理辅导中的学习辅导是指教师运用学习心理学及其相关理论，指导学生的学习活动，提高其认知、动机、情绪、行为等学习心理品质与技能，并对学生的各种学习心理问题进行辅导。其基本任务是帮助学生学会学习，提高其学习技能，发展其创造能力，让学生克服学习中遇到的各种困难并学会解决与学习有关的各种问题。

学习辅导具体包括以下方面：协助学生培养浓厚的学习兴趣；协助学生树立正确的学习观念与态度；协助学生激发学习动机；协助学生发展学习能力；协助学生养成良好的学习习惯、掌握有效的学习方法；协助学生培养适应与改善学习环境的能力；针对有特殊需求的学生进行专门的学习辅导。

2.人格辅导

班级心理辅导中的人格辅导是指着重对学生的自我意识、情绪和情感、意志品质、人际交往和沟通、青春期性心理、青少年危机问题进行辅导，培养其良好的个性心理品质和社会适应能力。

人格辅导具体包括自我意识辅导、情绪辅导、人际交往辅导、青春期性心理辅导、流行文化与网络行为辅导、危机干预辅导、品德与行为问题辅导等。

3.生活辅导

班级心理辅导中的生活辅导是指通过辅导，培养学生健康的生活情趣和乐观的生活态度。这对于学生将来获得幸福而充实的生活具有潜在的影响，同时对于学生发展个性、增长才干、提高学习效率也具有重要的作用。

生活辅导具体包括家庭生活适应辅导、学校生活适应辅导、健康生活辅导、社交生活辅导、休闲生活辅导和正确消费观辅导等。

（三）班级心理辅导的实施方法

1.游戏参与

游戏参与是指以游戏为中介，让学生通过参与游戏活动，在轻松、愉快、和谐、活跃的氛围中自由表达自己的情绪，表达自己的内心世界，体验与反思自己的行为，分享同伴的经验与感悟，从而达到某种建设性效果的心理辅导形式。这是班级心理辅导中常用的形式，无论是哪个年龄段、何种障碍的学生，都可以根据各自的年龄特征，设计相应的游戏。

游戏形式要对学生有相当的吸引力，让学生愿意参加。游戏中的"自由"，使学生摆脱了某种外在的控制和约束，能让他们尽情地展露自我，不知不觉地流露出真实的情感,并同时暴露出自身存在的问题。这样既有利于辅导者与学生进行心灵的沟通,激发学生参与活动的动机和兴趣,又可以使学生在游戏中不知不觉地学习规则,从而培养学生良好的习惯和解决问题的能力。因此,游戏活动不仅可以给学生带来欢乐,而且是学生智力、情感、社会性发展的途径。

必须注意的是,游戏的设计要符合学生的年龄特征,否则部分学生会对游戏有"小儿科""不屑一顾"之感,部分学生则会对游戏表现出"呆头呆脑""无动于衷"之状。游戏要事先确定相应的规则,并在游戏开始之前向学生说明,否则游戏过程中很可能出现混乱的情况,游戏目标的达成也会受到影响。

2.角色扮演

角色扮演是指个体在想象中扮演他人的角色,即试图把自己想象成他人,以他人的观点来看待问题,理解他人的处境和感觉,预测他人可能采取的行动及其对自己行动所作出的反应。让学生扮演或模仿一些角色,重现部分场景,能够使学生以角色的身份,充分表露自己或角色的人格、情感、人际关系、内心冲突等心理问题。通过这种方式,达到消解个体的心理困扰,促进其心理正常发展的目的。角色扮演法是"心理剧"的一种形式,它能让扮演者和进入角色的学生暂时忘记内心的困扰,尽兴表演。

角色扮演生动有趣、简单易行,常用的有哑剧表演、空椅子表演、角色互换、双重扮演等。

3.情境体验

情境体验就是通过辅导者的设计,让学生进入模拟情境、实际情境或想象情境中去体验、思考、分析、了解自己的心理反应,获得情感体验,培养适应能力的一种方法。

情境是心理辅导达到理想效果的重要载体。辅导教师在创设情境时要注意以下几点:一是要充满情感,以心造境,情境合一;二是创设情境是一种暗示、一种渲染、一种陶冶,要关注师生、生生之间的心理相容程度;三是要精心策划、周密组织,在内容的选择、程序的设计、载体的运用、手段的更新,以至于具体细节上都力求围绕主题、严密有效。

4.讨论分析

讨论分析是所有活动中使用最为普遍的方式,是指在辅导教师的引导和组织下,学生对某一专题各抒己见,经过讨论分析得出结论的方法。从形式来说,讨论分析法通常采用小组讨论和全班讨论两种形式;从内容来说,除集中讨论一个专题外,还可以采取分题讨论的方法。

讨论的主题需要教师事先精心设计，通常它应该是学生最关心、最迫切想解决的问题。题目设计新颖有趣，学生就会感到有话可说，有话能说。只有这样，他们才有充分参与和表现的机会。

在讨论分析的过程中，辅导教师要做到循循善诱，达到自我教育的目的，并要注意引导学生变被动的听众为主动的演说者；注意引导学生变片面看待问题为全面看待问题，变注重结论为注重过程。

5.心理自述

心理自述是让学生自由地表述自己的心理状况，也就是自己述说事情的经过和感受的一种形式。这既是情绪宣泄的合理方法，也是引导学生深入思考有关问题的方法。它可以激发学生运用心理学的相关内容认识自己，分析自己的兴趣。一般情况下，学生喜欢把喜悦与人分享，也希望有人分担他的忧愁。

活动一般以学生自愿为原则，讲述自己对事件的感受、自己的某次经历、自己成长的过程、自己的家庭、自己的朋友等。

6.综合法

综合法就是将以上各种辅导方式综合运用。一般来说，班级心理辅导单用一种方法进行是极少的，通常要运用多种方法进行教学和引导。

综合法不是将各种方法简单地组合，而是要求教师根据学生的年龄特点和心理发展规律，根据辅导内容的内涵和需要，根据不同班级学生特点，有目标、有计划地对各种辅导方式进行合理选择和组合，以提高辅导的效果。

因此，在班级心理辅导中，无法确定哪种方式最佳。在选择具体方法时，教师要综合考虑各方面的因素，如活动专题的内容、学生的特点、学校和班级的条件等。

（四）班级心理辅导的设计

班级心理辅导设计可以遵循结构性团体心理辅导活动设计的原理。这种活动设计有明确的目标导向，而且有具体的主题活动要求，强调使组员获得探究性的体验感受。通过这样的辅导，班级学生个体直接投身于活动的情境中，自我参与、自我体验、自我发现，在班级团体中互相分享、交流，使旧有的认知结构受到冲击，从而产生新的认知，在心理上达到新的平衡。因此，结构性班级团体心理辅导模式是很有意义和效果的。

1.班级心理辅导的一般过程

班级心理辅导是通过班级活动的方式去辅导他人,而任何一项活动都会经历一个开始、发展、成熟、结束的过程,不同的阶段则有着不同的任务和内容。

作为一名成功的心理辅导教师,必须对班级心理辅导活动的发展阶段及其特征有清晰的了解,这样才能把握心理辅导的发展方向,有效地设计、组织和引导班级团体向健康的、既定的方向前进。

2.班级心理辅导活动的设计步骤

(1)确立辅导活动的目标

辅导教师要根据班级的发展需要和问题需要设定目标,目标要具体、明确,再紧紧围绕目标去设计活动内容、途径、方法和分享讨论的提纲。

(2)明确参加对象

一般发展性、预防性的班级心理辅导,其参加对象为整个班级的学生,但是一些矫治性的辅导,则要确定同质的群体成员,如英语学习障碍辅导、注意力分散辅导、人际交往障碍辅导等,同时,教师还要了解参与成员在性格、性别、经验、行为表现等方面的情况。

3.班级心理辅导活动的组织过程

(1)明确时间与地点

班级心理辅导一般应在学校教室内进行,如果有条件的话,应设立团体辅导室。如果是户外的,应考虑学生的经济能力与安全性。

(2)了解参与学生的情况

辅导教师要了解参与学生的情况。例如讲到家庭、父母等问题时,就要对学生的家庭关系、父母关系有所了解,以组织恰当的语言,避免对学生的心理造成伤害。

(3)选出小组负责人

进行班级心理辅导时,班主任就是导师,各小组要选取一个组员,对其进行培训,使其成为小组负责人,以作为导师的助手。

(4)确定热身活动

热身活动的目的在于创设宽松的心理氛围,让学生尽快兴奋、活跃起来,积极地投入到接下来进行的各种形式的活动中。它是一个序曲或前奏,形式不限,如做游戏、讲故事、唱歌、看视频等。

（五）班级心理辅导的评价

班级心理辅导到了结束阶段，有一个重要任务要完成，那就是协助学生总结学习得失，进行学习迁移，适应班级团体外的世界，这就需要进行班级心理辅导评价。

班级心理辅导评价的作用有以下几点。一是促进整个班级团体的发展，保持班级团体旺盛的生命力；二是帮助辅导者评估每个成员和整个班级的达标情况；三是帮助辅导者了解所带团队的状况和活动实施效果。

1. 评价要素

对班级心理辅导的评价，大体可从以下几个方面进行。

（1）目标的评价——清晰、具体

目标是心理辅导的灵魂和核心，成功的班级心理辅导活动必须有明确和清晰的目标，而且目标要符合学生的年龄特点和实际状况。目标要具体，并贯穿于整个活动过程中。

（2）内容的评价——适宜、贴切

内容是为目标服务的，也是要围绕目标而进行选择的。评价内容时，要注意其是否具有适应性、针对性。具体来说，选材是否紧扣主题，是否适合学生的年龄、心理特点，是否贴近学生生活，亲近学生的心灵，让学生有一种亲切感并产生参与兴趣，这关系到学生能否活跃思维，也关系到活动的实效性。

（3）方法的评价——适合、多样

采用的辅导方法并不是越新颖越好，辅导方法要符合学生的年龄和需求。在班级心理辅导活动中，辅导的方法和形式要有一定的变化，以免学生因单调而感到乏味。辅导方法也不是用得越多越好，而要根据主题的需要，把握好节奏变化。

（4）效果的评价——明显、及时

对班级心理辅导活动进行即时评价非常重要，尤其要评价学生的情况。在心理辅导活动过程中，学生的参与度是重要的评价标准，若大多数学生是观众或听众，是旁观者，哪怕这次活动设计得再新颖、再有趣，也不是一次成功的辅导。学生参与的热情、思维的活跃、兴趣的浓厚、气氛的融洽、真情的流露等都是进行评价的指标。

（5）辅导者能力的评价——能力素质良好

班级心理辅导活动对辅导者的要求是很高的。辅导者自身的素质如何，辅导者的专业化水平如何，在班级心理辅导活动中都会体现出来。在组织活动过程中，辅导者的姿态和语言、机敏性和应变性等都是辅导者能力和素质的体现。

2.评价方式

评价班级心理辅导活动,可采用评价表、心理量表、问卷、音像记录等方式,结合学生自评、辅导者评价和督导员评价三种途径进行。

第三章　特殊教育班级管理内容

第一节　班级管理的基本策略

一、尊重学生的心理需要

根据马斯洛（A. H. Maslow）的需要层次理论，人类的需求从低到高依次是生理需要、安全需要、社交需要、尊重需要、自我实现的需要。积极的班级教学环境有助于特殊学生的健康成长，满足学生的心理需求。

（一）满足学生安全感的需要

安全的学校环境对学生安全感的形成至关重要。这里所说的"安全"一方面指的是物理环境的安全，学校要保证学生在学校中不受到伤害；另一方面指的是学生内心感受到的安全，即学生的安全感——这种形式的安全也十分重要，而且往往容易被忽视。

在课堂教学中，如果教师采用粗鲁的惩罚措施，并对学生施加较大的压力，就会导致很多学生在生理与心理层面失去安全感。这种情绪将会阻碍学生的积极行动。长此以往，将不利于学生健康人格的形成，还会影响学生的思维、记忆、行为等生理机能。

任何人都不可能不犯错，在特殊教育学校的学生犯错也是在所难免。从某种意义上来说，学生就是在不断地犯错、纠错中成长起来的。因此，教师对于学生的错误要有理解和宽容的态度，如果教师能以"促进学生发展"的积极心态来对待犯错的学生，想办法帮助他们认识错误、改正错误，形成一种积极向上的班级氛围，将会促进班级学生的健康成长，提高班级教学管理效能。

（二）满足学生归属感的需要

作为一个社会人，每个个体都渴望自己归属于一个或者多个群体，比如，学校、家庭、活动小组或某个非正式群体。集体归属感在很大程度上满足了学生成长中个体对情感和爱的需要。因此，在班级教学管理中，教师可以通过组织一些集体活动，有效地提高学生的适应力。教师要尽量接纳每个学生，并善于发现每个学生的优点。

需要注意的是，剥夺学生参加群体活动的权利，会使学生被他所在的群体拒绝，使他难以获得归属感。这种行为的后果可能是非常严重的，不仅不利于班级教学管理，还可能危害学生的身心健康。

（三）满足学生的社交需要

在人的成长与发展的过程中离不开人际交往。随着思想水平、文化修养的不断提高，个体的人际交往能力会有相应的增强。培养学生的人际交往能力，不仅是教育工作者的重要职责，还是素质教育提出的要求。因此，教师应引导学生建立良好的人际关系，进而使师生之间、生生之间能够相互体谅、相互扶持、共同进步、共同发展。

人的生活离不开一定的社会群体。不论是学习、工作，还是进行其他社会活动，人都需要与他人交往。人际关系的好与坏，不仅影响着集体的形成与巩固，而且影响着个体的全面发展。对此，教师可以与学生共同制定班级制度，或为学生提供更多选择，让学生积极参与到班级管理活动中来，这也有利于提高学生与人交往的能力，同时可以满足学生的社交需求。

二、改善交流方式

教育是培养人才的主要途径，也是社会发展的重要推动力。在课堂教育中，有效的沟通技能与健康的交流方式不仅能够在一定程度上增进师生关系，还有助于教学目标的实现。

在班级教学管理中，改善交流方式需要遵循以下原则。

（一）善于倾听

倾听是有效沟通的前提和基础，也是充分尊重对方的体现。同时，倾听能够让学生感受到教师对自己的接纳与重视，这不仅有助于培养师生情感，而且能在一定程度上提高学生对学习的积极性。

教师在倾听时需要合理运用肢体动作、面部表情，要与学生有目光接触，使学生感受到自己被接纳。在课堂教学中，师生之间的眼神接触是最有效、最常用的交流形式。经验丰富的教师能够读懂学生眼神中传达出来的信息，从而对学生的行为作出预判。此外，面部表情与肢体动作也是不可或缺的，通过肢体交流，能够传达很多有用信息。因此，在对学生的课堂行为进行调控时，教师应尽量采用目光接触、面部表情、肢体动作等辅助言语表达。沟通有效性的不断提高，不仅有助于师生关系的改善，还能起到树立学生自信心、培养学生自尊心的作用。因此，教师应学会并掌握倾听的技巧，并将其运用于实际的沟通交流中。

（二）适度反馈

给学生提供具体、清晰的反馈是良好沟通的重要技能。教师应把握好何时反馈、反馈多少、如何反馈等问题。这里的反馈既包括对良好行为的积极肯定，也包括对于偏差行为的纠正和惩罚。

（三）关爱学生

教师对待学生的行为方式可分为有意负面诱导、无意负面诱导、无意正面引导、有意正面引导四种类型。所谓正面引导，就是教师在教学中传递给学生的是有价值的正面信息。教育不应该是冷冰冰的知识的传授、行为的纠错和惩罚，而应该是充满爱的积极的互动。因此，教师应通过各种途径对学生进行正面的引导。正面引导有助于培养学生积极的态度，有助于建立良好的师生关系，还有助于纠正学生的不良行为。

三、转变思维方式

（一）由重视教师向重视学生转变

随着社会的不断发展，人们越来越不支持以教师为中心的学校教育，并逐渐意识到以学生为主体的重要性。同时，人们也普遍认识到，教师不应当成为教学活动的绝对支配者，以学生为中心的教学管理理念也逐渐确立。具体来说，主要体现在以下几个方面。

第一，以学生的发展为教学目的。根据当代教学管理理论，教学管理的根本目的是促进学生的全面发展，而不是控制学生的思想与行为。学生虽然是教育的对象，但却是学习活动的主体。因此，教学管理中的一切活动都应该以促进学生的发展为根本目标，以学生为中心，时时考虑学生的需要。

第二，民主的教学管理方式。与传统的以教师为权威的管理方式不同，当代教学管理方式注重以人为本。教师要通过个性化的管理，为学生营造融洽、高效、健康、和谐、相互信任、相互尊重的课堂氛围，教师要帮助、信任、尊重学生，以人性化的管理方式为依托，密切关注学生的学习需求并予以满足。

第三，重视学生需求的发展。传统的教学模式往往是以教师为主导，讲授什么样的内容完全由教师决定。然而，随着教育教学改革的不断发展，当代教学管理越来越重视学生主体的需求，因此在教学目标的设定和教学内容的选择上，教师要结合学生的身心特点和个性需求。在课堂教学管理策略上，要由注重行为控制转变为注重满足学生的发展需求。

第四，注重学生的自我管理。随着班级教学管理的深入发展，人们逐渐意识到学生内在的自我管理是最为有效的教学管理，只有将教师的课堂要求逐渐内化为学生的自觉行为，才能使班级教学管理的效果得到保障。心理学研究表明，自我意识的发展是一个从没有自我感觉到认识到自己的存在、从认识到自己的外部行为到认识到自己的内在动机的过程。当学生自我意识的深刻性、独立性增强时，他们自我教育、自我管理的水平也会不断提高。因此，随着学生年龄的不断增长，教师应越来越注重培养学生的自我管理能力，充分发挥学生自我管理在学习活动中的作用，促进学生自我管理能力的发展。

（二）由重视结果向重视过程转变

教学结果固然重要，但学生在教学过程中的体验也越来越受到重视，包括认知体验、道德体验、情感体验等，这些体验对最终的教学结果有着重要的影响。因此，教师在教学中要做到：第一，善于激发学生的学习兴趣，促进学生学习动机的形成，使学生具备良好的学习态度；第二，以教师引导为基础，培养学生的独立思考能力，促进学生的思维拓展，从而使其更好地学会基础知识与各项技能；第三，注重教学方法的多样性，通过对多种教学方法的综合运用，设计与学生年龄相符的教学活动，促进学生的全面发展；第四，注重"知"与"情"的统一，在学习过程中，确保学生能够充分感知教学内容蕴含的情感，以加深对知识的理解。

（三）由重视知识向重视能力转变

随着科学技术的飞速发展，我国已经进入了信息化时代，知识的更新越来越快，这使以知识传授为主的教学管理观念面临着严峻挑战。当代教学管理观念已经不再一味强调传授知识，还非常重视培养学生的能力，尤其是培养学生学习、思考、掌握和更新知识的能力。培养学生的学习能力，与终身教育的理念相一致，同时也是当今社会对教学改革的要求。

传统教育观念认为，人的教育仅限于学校教育，这种片面的教育观念已经随着社会的不断发展以及人们对于自然界和社会认识的日益深化而过时，取而代之的是终身教育、终身学习的观念。受到知识经济的影响，人们越来越意识到终身学习的意义与重要作用。终身学习不仅与受教育者的未来发展息息相关，而且对国家与民族的命运具有重要意义。

（四）由注重纪律管理向注重教学策略转变

近年来，班级教学管理已经由最初的注重纪律管理转变为注重教学策略。怎样优化教学策略、改善教学方法，通过科学、合理的教学管理行为，促进课堂教学目标与班级管理目标的实现，已经成为当代班级教学管理的重要任务。其具体做法主要包括以下几个方面。

第一，对课堂教学结构与情境结构进行合理创设，并适当调节师生的焦虑情绪。通过对课堂教学结构的精心设计，对师生的焦虑进行适当调节。以教学设计为基础，有序地开展课堂教学，将良好心态传递给学生，使学生具有自信心与安全感。

第二，加强课程段落、教学节奏的管理调控。在班级教学管理中，很多关于课堂纪律与行为问题的产生都与课程段落安排不当、教学节奏失控有直接联系。因此，应加强对课程段落、教学节奏的管理调控。

第三，提高教师在课堂教学中的随机应变能力。在课堂教学中，教师可通过对设疑法、幽默法、宽容法等的综合运用，灵活处理课堂教学中的偶发事件。

第四，通过改善课堂教学，提高学生的学习动机。一是改善课堂结构，促进学生参与率的提高；二是提高教学的趣味性，尽可能地使教学内容与学生的实际生活相契合；三是通过引导，使学生能够合理地设置学习目标，并教导学生学会自主学习，促进学生自我效能感的提高。

四、提供有效的课堂资源支持

课堂是学校实施教育教学工作的主阵地。特殊教育班级课堂，是为全体学生（特别是残疾学生）提供良好的成长环境、融合的教育教学环境和课堂教学资源的主阵地。学校教师、全体同学、学生家长以及社区都可以成为特殊教育班级课堂活动的有利资源。

（一）善用全体教职工资源

在特殊教育学校中，班主任、班级授课教师、后勤工作人员等所有教职员工，都是影响课堂教育教学工作的重要因素。每位教职员工的融合理念、基本素养、人格魅力都会对学生产生影响。因此，特殊教育学校全体教职员工都应当积极向上，公平、宽容地对待每一个学生，热情地为特殊教育班级提供课堂教学活动所需的资源。

特殊教育班级班主任和任课教师对班级中特殊学生情况的了解比学校其他教职工要深入。因此，特殊教育班级班主任和任课教师除在各自教育教学工作中拟定和实施对特殊学生的针对性教育教学措施、计划外，还应当集体协同工作，为特殊学生共同制订个别化教育计划。教师需要了解哪些是可用以支持课堂教学的资源，并充分发展和利用自身资源。

学校各个岗位的教职工之间的配合非常重要，尤其是普通班级教师与资源教师之间的合作。这种合作是多方面的，主要体现在以下几点：资源教师充分发挥特殊教育专业知识技能方面的优势，帮助普通班级特殊学生进行缺陷补偿教学；资源教师与学科教师之间相互协商，合理分工和安排教学时间；根据学生的需要，资源教师与学科教师相互合作，为特殊学生提供经过整合的课程资源。

特殊教育学校的其他教职员工也应为特殊学生的学习提供支持。例如，学校图书馆为视障学生的独立学习提供盲文书籍类特殊印刷品和录音机等相关设备，图书馆工作人员应为特殊学生提供必要的帮助；电教人员应积极为特教班课堂各学科教学提供技术资源，如利用语音识别软件帮助有严重读写困难的学生学习，为特教班有效运用多媒体辅助教学、辅助特殊学生学习提供保障等。

（二）善用学生的差异资源

特殊教育学校的整体环境，特别是特教班的环境，是一个充满多元文化、拥有丰富差异资源的环境。特殊教育学校的特殊性、包容性为所有学生的学习、成长提供了优质的教育平台。这种教育平台能使得每一个学生的行为更加规范，情感更加真挚，心灵更加纯净，人格更加完善。学校、班主任和其他所有教职员工应当充分将学生的差异用作特殊教育班级课堂教育教学工作的有利资源。

善用学生差异资源的特殊教育班级，应当让置身于这个开放性教育环境中的每一个学生都能享有隐性教育资源，帮助每一个学生融入这个有差异但和谐的教学氛围。例如，课堂上教师传递出的对不同学生差异的关注，不断地影响着每一个学生的情感认知。教师对特殊学生的关爱成为特殊教育班级课堂教育教学的一部分，特别是成为德育教育的有利资源。在某方面有才能的学生可以为其他同伴，特别是有特殊需求的同伴提供帮助。所有学生都有机会向同伴和教师展示、分享自己的成功经验。所有学生都有机会成为被人学习的榜样。所有学生都可以互相帮助、互相支持。学生的差异资源是特殊教育班级应当充分利用的有利资源。

（三）善用学生家长资源

参与学校教育是每一位家长的权利和义务。在教育生态视角下，特殊儿童特殊教育提倡家庭、学校、社区共同养育儿童。特殊教育学校中的所有家长，不论其子女是否有特殊教育需要，都应坚持特殊教育体现平等和人权的理念。通过接纳个别差异的共融文化，从而培养孩子包容和尊重别人的思想，这也有利于其长远发展。

残疾学生家长在特殊教育学校中参与教育尤为重要，因为没有人比家长更了解自己孩子的能力、需要、兴趣、优势和不足。特殊教育班级班主任和任课教师应特别注意与学生家长建立良好、和谐的关系，帮助他们认识到自己有责任向学校说明有关孩子的身体情况和特殊需要。只有家长及时把孩子的相关资料如实交予学校，与教师开展合作，才能尽早为孩子制订合适的教育计划。同时，家长应自觉承担起关注孩子的各种情况、与教师等专业人员合作、帮助孩子发展人际关系、辅导孩子学习等责任。

特殊教育班级在开展家长工作、成立家长组织时，班主任应当将特殊学生的家长纳入家长组织，充分调动他们参与学校活动、参与个别化教育计划制订的积极性。只有在相互信任、相互欣赏、通力合作的家校关系中，才能提升特殊教育的成效。

（四）善用学校社区资源

特殊教育从来都不是只依靠特殊教育学校就能独立完成的，还需要家庭、社区和整个社会的支持。特殊教育学校应当从学校自身和残疾学生所在的社区实际出发，将社会、文化、环境等因素与特殊教育学校、课堂教育教学活动紧密结合，有效地利用社区资源，因地制宜地开展特殊教育活动。学校与社区形成良好的合作关系，将社区的有利资源引入特殊教育班级，是推动特殊教育高质量发展的又一重要因素。

社区教育资源是指可供学校作为学习经验的所有物资，其位于校园之外，但处于学校组织可使用的范畴，包括具有教育价值的任何事物。

特殊教育班级中，残疾学生的发展目标、学习内容、学习方式可能与普通学生有所区别。这些学生会更多地聚焦于生活能力、社会交往、情绪发展等方面的学习。他们的学习不仅仅是坐在教室里通过阅读、写作、数学学习等构建知识技能，同时还要在生活环境中学习生活技能、社交技能，获得情感、情绪的良好发展。因此，特殊教育班级的课堂活动应当延伸到社区。

社区教育资源极其丰富，且具有多样性。例如，具有教育价值的自然景观、名胜古迹，残疾人康复设施设备，社区运动设施设备等。如果能充分利用这些社区资源开展学习活动，那么残疾学生可能获得丰富、直接的学习体验。

此外，社区中各行各业不同人员的职业优势，也是特殊教育班级课堂教学活动宝贵的教育资源。不论是正式的教学活动还是隐形的教育活动，社区教育资源都可以为特殊教育学校课堂提供便利，构建高质量的社区邻里关系，形成优良风气，这是封闭的学校教育无法比拟的。社区作为每一位学生特别是残疾学生生活的大环境，能够为学生提供更长时间的教育服务，可以提供学校难以提供的心理康复、社会服务等各种综合服务。通过协作，特殊教育学校和社区可以最大限度地利用各种资源，减少教育教学的障碍，并提供更高质量的教育。

第二节　特殊教育班级日常管理

一、班级的教室环境创设

班级是学生学校生活的基本单位和基本组成部分。学生在学校的学习生活基本是以班级为单位、以课堂为载体进行的。除正式的课堂学习互动外，班级里还存在着各种各样的学习活动，例如社会性学习活动、探究式学习活动、生成性学习活动等。班级内的学习空间是广阔的，学习机会是丰富的。

特殊教育学校班级是包括残疾学生在内的所有儿童学习、成长的重要环境。由于特殊学生的存在，其丰富的差异性特征造就了特殊教育班级中更丰富的学习、成长环境；同时，也决定了班级建设目标应当是满足包括残疾学生在内的每一个学生对群体生活的需求，为每一个学生提供充足的学习条件和机会，使每个学生都能在班级内学习文化知识、学习遵守和执行行为规范、学习人与人之间的沟通与交往技能、学习责任与担当。

因此，在多样的学习环境、多彩的学习过程中，特殊教育学校班级管理应当建立普通学生与残疾学生共享和共同进步的和谐教育教学团队，在为残疾学生创设无障碍生活、学习、活动环境基础上，推动每一个学生的健康成长。特殊教育学校班级教室是特殊教育学生在校期间每天生活的地方，其环境创设直接反映了在班主任带领下的特殊教育班级的融合理念、融合文化和融合氛围，其重要性不言而喻。因此，特殊教育班级的教室环境创设，应当为实现包括残疾学生在内的全体学生共存、共生、共享和共同进步的目标服务。

（一）班主任是教室环境创设的核心

班主任是班级工作的直接领导者和组织者，是保障一个班级正常运转的关键所在。从某种程度上讲，班主任既扮演着教师的角色，也承担着家长的责任。班主任不但要处理复杂的班级事务，还要关注学生的心理及身心健康状况。

对于特殊教育班级教室环境的创设，班主任更是核心领导者，其特殊教育思想和理念决定着特殊教育班级的发展方向。因此，班主任应当结合班级实际情况，特别是根据残疾学生的具体情况和个体需求，为班级营造一个良好的特殊教育环境；引导师生之间、生生之间互帮互助、和谐共生，引导进入特殊教育班级教室的每一个人自觉创造一个确保每一位学生平等参与班级学习生活的无障碍教育环境。总的来看，特殊教育学校班级的教室环境创设应聚焦于物理环境和心理环境两个方面，强调尽量创设一个良好的教育环境。

（二）班级教室的无障碍物理环境创设

无障碍环境指的是一个通行无阻、易于接近的环境，包括物质环境、信息和交流环境。特殊教育学校班级教室的无障碍物理环境要求其规划、设计和建设方便残疾学生通行和使用，如教室通道应满足用轮椅的学生、拄拐杖的学生以及视力障碍学生通行。特殊教育班级教室的出入口、地面、扶手、桌椅板凳、黑板以及书柜、书架等应设置残疾学生可使用的设施且方便他们通行；着力于构建一个便于所有班级成员自主、安全地参与班级活动、出入教室、获得交流信息的教室环境。此外，教室中的信息和交流的无障碍，指听力、视力障碍学生能够无障碍地获得信息，进行交流，如利用影视作品、电视节目的字幕和解说、听盲人有声读物等。

对于无障碍环境建设的要求，国务院制定了《无障碍环境建设条例》，对便于残疾人等社会成员自主安全地通行道路、出入相关建筑物、搭乘公共交通工具、交流信息、获得社区服务所进行的建设活动作了具体规定，并要求特殊教育、康复、社会福利等机构，文化、体育等单位的公共服务场所优先推进无障碍设施改造。

1. 设施设备

特殊教育班级教室设施应当照顾到听力、视力、肢体障碍等学生的需要，方便所有学生使用。例如，各楼层、教室设置盲文指示，教室内安装语音、字幕等文字提示设备。扩展信息交流的多种途径，教室阅读角不仅要摆放常见的印刷读物，同时也要根据班级残疾学生实际需求提供盲文读物、有声读物。根据残疾学生需求安装冷光灯等特殊照明设备，或可变化颜色的上、下课提示彩色电灯。对于有肢体障碍学生的班级更是应当特别注意，将其教室安排在一楼，同时改造楼层卫生间，为通往其他教学场所的道路设置坡道、安装电梯等。

2.座位安排

特殊教育班级的座位安排应坚持尽量将残疾学生安排在靠前、离讲台近的座位，并根据学生的特殊需要来确定具体座位。例如，对于有听力障碍的学生，应将其残余听力好的一边耳朵朝向讲台；对于有视力障碍的学生，则应根据其眼病特征、致盲原因以及对光线的需求等为其选择最佳座位。同时，残疾学生的邻桌应优先选择热心、耐心、学习能力较强、关爱残疾同伴的同学。在班主任和任课教师的指导下，同桌的同学应当以正确的方式成为残疾学生的学习伙伴，与其共同成长、共同发展。

（三）班级教室的无障碍心理环境创设

教师，特别是班主任，是影响特殊教育班级文化形成的重要因素。班主任的特殊教育理念、班级管理思路和方法等都深刻影响着特殊教育班级文化。特殊教育学校班级教室的无障碍物理环境建设完成后，另一个重要任务则是特殊教育班级的无障碍心理环境建设。

特殊教育班级教室无障碍的心理环境应当是让包括残疾学生在内的所有学生均感受到受重视的环境，且渗透在班级的各项活动中。教师只有设身处地地为残疾学生着想才能让学生心理更加无障碍。

例如，所有学生的作品均有机会张贴在教室内，教师要乐于表扬所有学生，创造机会让残疾学生或学业成绩落后的学生有机会展示自己的强项；教室里没有欺凌现象，无论是教师还是同学都没有言语和情绪上的伤害；所有学生都有参与制定班级规章制度的机会，所有学生都有参与课内外活动的机会，能够让班级拥有不同技能和强项的学生都有机会参与运动会和其他文体活动项目；在挑选班级干部时，不同能力、不同情况的学生都能有机会承担力所能及的工作。

总之，在班级活动中，特殊教育班级应当在无障碍的心理环境建设中，让全体教师、学生学会关爱同伴,营造温暖的班级氛围,让所有学生都能在班级中感受到平等、关爱,使个体需求得到满足。

二、班级的课堂常规管理制度设立

课堂既是师生共同活动的物理空间,也是一个具有多种结构的功能体,是教师、学生、环境之间共同形成的一种互动情境,是较为独立的结构组织;课堂不仅是教学活动开展的场所,更是教师组织创造的,激发学生积极、主动参与学习、互动的学习情境,具有明确的教学任务和学习目标,有较为规范、明确的规则。

特殊教育学校班级的课堂是特殊学生学习、成长的环境空间,其常规管理工作应当以完成国家要求的教育教学目标、培养学生良好的行为规范为根本目的。因此,特殊教育学校班级的课堂常规管理制度应当遵循以下原则。

(一)遵循国家总的教育方针

课堂常规又称课堂规则或课堂行为规范,它是学校教学管理制度(教学管理工作常规)的一部分,是与教育教学息息相关的规章制度,也是每个学生必须遵守的日常课堂行为准则。

良好的课堂常规管理是教师开展有效教学的必要条件,能够有效提高课堂教学效率。班级的课堂常规管理制度受国家总的教育方针、课程标准和教育观念的制约。教师是国家教育方针、教育观念的传播者,是课程标准、教学内容的具体传递者。因此,特殊教育学校班级的课堂常规管理制度建设应是在贯彻执行国家总的教育方针的前提下,以教师与学生之间、普通学生与残疾学生之间的相互尊重为基本价值追求,以建立一种激励学生进行自我管理的制度为发展目标,帮助学生养成良好的行为习惯。

(二)遵循儿童身心发展的共性

特殊教育班级的教师应当树立正确的价值观,应首先将残疾儿童摆在儿童的位置来认识,认识他们身心发展的共同特征;其次考虑的才是残疾儿童是有特殊需要的儿童。因此,特殊教育学校班级的课堂日常行为管理制度建设应当遵循儿童身心发展规律。根据儿童身心发展规律的共同特征，按照不同年龄阶段儿童的思维特点和社会发展水平，紧贴实际，制定班级课堂日常行为管理制度。

与此同时，班主任应充分考虑班内的残疾学生，这些学生在身心发展规律方面有个性特点和特殊需求，所以在统一的日常行为管理制度基础上还应当根据残疾学生的实际需求，制定出弹性的规章制度。例如，对于视力障碍学生，为使其能够更好地看清楚板书，可以允许其在课堂上离开座位，允许其使用特殊照明设备和助视设备；对于注意力缺陷多动障碍学生，为帮助其明确教学任务安排，可以对其进行个别辅导。

特殊教育班级管理的个别化制度的建设，应根据残疾学生的教育评估、诊断和个别化教育计划的具体情况来综合判断、灵活安排。从集体教学活动实施到学业水平测试，从教学活动空间与资源安排到教学策略的选用等，均应提供个别化的制度服务。

（三）遵循易于执行的原则

再好的制度如果不执行，那也是形同虚设。因此，特殊教育班级课堂常规管理制度的设立应当遵循易于执行的原则。

为提高特殊教育学校班级的课堂日常行为管理制度的可实施性、可执行性，可以首先从团结所有教师，积极引导全体学生共同参与制度制定入手。如此形成的管理制度有利于构建民主、平等的师生关系。教师与学生进行沟通、交流，共同促进课堂日常行为管理制度的建立，是对每一位学生的尊重，也是特殊教育理念的具体体现。

其次，特殊教育学校班级的课堂常规管理制度在文字表述上还应当合情合理、简明扼要；在管理目标设定上应当可观察、可测量，可分时段、分学科提出明确的具体要求。例如，在上课预备铃响后，应立即进入教室，安静下来；在上课开始时师生间问好；下课时师生告别后才能离开教室；注意在体育课上的着装规范等。对于残疾学生，可针对实际情况设定弹性条款。例如，对于注意力缺陷多动障碍学生，应允许其在上课过程中，在不干扰其他同学的情况下短暂离开座位。

最后，积极引入民主自治，让所有学生都有机会参与解决课堂的纪律问题，这也是特殊教育学校班级有效执行常规管理制度的方法。涉及班级课堂日常教育教学活动的所有教职员工之间也应积极分享经验，结合彼此的专业知识和技能技巧，以协作的态度处理学生的纪律问题，力求达成共识。在学生违反课堂日常行为管理制度时，教师应秉持公正原则并给予足够的支持和理解，对所有学生一视同仁，切忌因残疾、性别、成绩、家庭背景等方面的差异而区别对待，禁止一切基于残疾的教育歧视。

对于特殊教育学校班级课堂常规管理中容易出现的一些问题，例如个别学生总是不能按时完成作业、难以遵守班级规则或易冲动、无法和同学友好相处等，教师可将行为契约、代币制等行为矫正技术运用于课堂常规管理中。

三、班级的应急管理

由于残疾学生的身心特征或其他原因，使得特殊教育班级意外事故发生率高于普通班级。如果班级管理不当，容易对学生，特别是对残疾学生的身心发展造成更大的影响，甚至造成不可逆的后果。

（一）班级容易出现的应急问题

特殊教育学校班级容易出现的应急问题通常可分为两类。一类是在学校生活过程中可能产生的、具有不可预估性的问题，即潜在的危险源导致的问题；另一类是因人、物体、环境或管理中存在的问题而诱导产生的问题。第一类问题需要对潜在的危险源进行清理和规避。第二类问题需要在控制和排除危险源的同时，甄别出其中隐含的诱导因素，从而保证特殊教育学校的各项活动安全进行。

以下是根据学校一日生活流程安排梳理的特殊教育班级容易出现应急问题的关键时间节点。

1. 入校、进班和放学时段

学生早上到校、进班和下午放学的时间是教师较为紧张、忙乱的时间。在拥挤的情况下，如果缺少教师或安保人员的引导、管理，教室门、窗没有安全打开，或是书架、花盆等没有安全摆放，或是室内、过道照明不足，或是走廊、楼梯人员众多，且同学们奔跑、追逐打闹等，会给感官不完整、行动不便的残疾学生带来更大的安全隐患。

此外，在通常情况下，残疾学生比普通学生更容易出现健康问题，需要教师在入校、进班时对其进行细致的晨检。如稍有疏漏，未及时发现残疾学生的健康问题，特别是一些特殊症状，极易引发混乱。因此，各科教师，特别是班主任应当重视学生入校、进班等关键时间节点。

2.早操、课间操时段

早操与课间操是特殊教育学校的常规活动。如果对在这一时段学生户外活动产生的拥挤状态防范和管理不足,就很容易出现紧急情况。例如,班主任在组织排队、清点学生人数过程中不够细致,就容易忽略因身体不适未到场的学生,特别是身体容易出现不适的残疾学生;如果走廊路面湿滑或有同学推搡打闹,很可能造成原本就行动不便的残疾学生摔倒。行动迟缓的残疾学生进出教室门、上下楼梯时如未与其他同学保持适当间距,行动太匆忙,极易产生安全事故,导致应急问题出现。此外,如果在早操、课间操时间,有学生私自留在教室里,同样会存在极大的安全隐患。

3.课间活动时段

课间活动时段也是学生容易处于无人监管的时段,更是特殊教育学校容易出现应急问题的时段。学生手中的圆规、钢笔等尖锐的学习用具容易划伤同伴;课间嘈杂的环境,有可能造成孤独症等特殊学生情绪上的不适,甚至导致其出现自伤或攻击性行为。

此外,在特殊教育学校班级中,影响学生安全的应急性问题不仅仅是直观的,如打架斗殴,还有隐含的问题,如侮辱、歧视等。因此,如果缺乏教职工的监管,缺少制度的约束,在课间活动时段,特殊教育班级容易出现更多的应急问题。

4.午间就餐时段

食品安全是任何一所学校都应当特别重视的问题,特殊教育学校尤其如此。与普通儿童相比,残疾儿童更容易因遗传、自身或环境因素出现食物过敏,或因残疾原因带来咀嚼、吞咽困难等问题,从而引发饮食上的应急问题。因此,特殊教育学校班主任和其他教职员工应当特别注意午间就餐时段的食品和就餐安全问题。

残疾儿童常见的过敏性食物包括富含蛋白质的食物、海产类食物、具有特殊刺激性的食物以及坚果和某些生食的蔬菜、水果。如果食物过敏,儿童可能会出现烦躁易怒、坐立不安、注意力不集中等神经系统问题,也可能会出现恶心、呕吐、腹泻、腹痛等消化系统问题,还可能会出现湿疹、荨麻疹等皮肤问题,更有甚者可能会出现视力模糊、眼睑浮肿、流泪等视觉系统问题。

(二)班级的应急管理措施

特殊教育学校班级应以预防、控制为主线,从人员、物体、环境和制度建设四个方面,制定相关管理办法和应急预案,做好应急行为管理工作。

1.人员方面

提高思想意识、预防应急行为出现、对全体教职工的行为进行规范性约束，是特殊教育学校进行应急行为管理工作时应当首先考虑的问题。

校长是特殊教育学校应急行为管理工作的第一责任人，专门负责学校安全工作的校级干部和专职人员是学校应急行为管理工作的直接责任人。此外，学校行政管理人员的值周工作、班主任的管理工作、保安人员的工作等都与班级应急行为管理工作密切相关。提高所有教职工对应急行为管理工作的责任心，不断提高全体教职工处理学校突发事件的能力，是特殊教育学校应急行为管理工作在人员方面应当特别重视之处。

学校可以通过讲座、培训、宣传资料等多种形式，在思想意识上提高全体教职工和学生对应急行为的重视程度，让学校的每一位成员充分认识到，每一位学生，特别是残疾学生在安全管理和应急行为等方面存在的潜在风险，从而在学习、生活、活动、工作中自觉约束自身行为和自觉规范操作。

提高班主任应急行为管理思想意识和管理能力，则是特殊教育学校班级应急行为管理工作的重中之重。特殊教育班级班主任应注意处理好自己与学科教师、学生、家长，以及学生与学生之间，其他教师与家长之间的关系。良好的师生关系能够让学生乐于服从教师的管理，乐于接纳教师的特殊教育理念。班主任与特殊教育班级同学的良好关系能够为普通学生平等对待特殊学生起到良好的示范作用，从而避免因同学关系不和谐而引发的应急行为。学生与学生之间良好的关系能够让普通学生与残疾学生之间更和谐地相处，更有利于残疾学生融入普通班级，更有利于整个校园和谐氛围的营造。教师与家长之间建立良好关系，有利于教师及时了解残疾学生在家的情况（特别是身体健康状况），也有利于特殊教育班级的家长自愿协助教师营造和谐的氛围。处理好师生之间、生生之间、教师和家长之间的关系具有重要意义，这是保持学校良好氛围不可或缺的条件，也是特殊教育学校应急行为管理工作的重要保障。

2.物体方面

保障校园内所有物体的安全，特别是班级环境中所有物体的安全，消除诱发应急行为的潜在因素，是特殊教育学校应急行为管理工作的另外一个重要任务。

要保持校园内、班级中所有物体始终处于安全状态，就要对校园内、班级中的所有物体在安全技术方面进行层层把关，运用技术手段消除不安全因素，对固有和潜在的危险源进行控制，制定规章措施、应急预案，保障学校设施等的充分安全，从而避免应急问题的出现。例如，在体育运动器材的安全保管和使用中，要有针对保障残疾学生安全使用的技术要求；在实验器具及材料的安全保管和使用中，要有针对有情绪行为问题学生在学习过程中对相关器具和材料安全使用的管理要求。另外，要注意教室桌椅板凳的安全摆放和使用，电教设备的正确使用，还要注意在上学、放学、课间等易出现应急行为问题的关键时间节点对物品的管控等。

在特殊教育学校物体安全保障方面，特别需要考虑特殊学生对物体使用和安全管理的特殊需求。例如，为有肢体障碍的残疾学生改良运动器材；将有低视力学生的班级课堂照明设备改为不发烫、无阴影的冷光灯；教室门窗的打开方向应根据学生需要重新设计等。

消除因校园或班级中物体诱发的不安全因素，避免应急行为出现，不仅是班主任的工作职责，也是特殊教育学校全体教职工的共同责任。

3.环境方面

对于特殊教育学校而言，无论是校园内、班级中、学校周边，还是上学、放学路上，凡是涉及学生安全问题的环境范围，都需要特殊教育学校特别关注。如下雨天上学的街道、校园走廊、教室内的地面湿滑问题就是环境中存在的安全隐患；校园中、教室内墙角、花坛边、门窗角的尖锐之处，对特殊学生，尤其是视力障碍学生、肢体障碍学生以及难以控制情绪和行为的学生来说都是极大的危险源。

此外，特殊教育学校还应特别注意对环境中的噪声、食堂中某些特殊气味的出现等进行预防和管控。这些因素容易引发孤独症学生或有其他情绪、行为问题学生出现应急行为反应，造成不必要的伤害。

4.制度建设方面

特殊教育学校班级的应急行为制度建设应统筹考虑人员、物体、环境等各方面因素，在学校的整体应急行为制度下，根据本班级学生的具体情况制定细则。

首先，建立班级应急行为危险源清单。根据学校的整体应急行为管理制度，结合班级环境、教育教学活动，对班级中各方面的危险源、可能出现的应急状况进行全面识别和分析、梳理，并列出目录。

其次，认真分析每一个残疾学生的特殊需求，包括不同环境的需求，例如食堂气味的消除、厕所的改造、坡道和建筑棱角的改造等。对不同设备设施的需求，例如运动器材的改良、试验设备设施的保管、照明设备的改造，甚至包括常用、应急性特殊药品的准备等，并提出实施细则和建议。如需获得学校支持，应及时报告应急行为管理工作的相关领导，以获得必要的支持。

最后，将管理责任分工列入班级应急行为制度建设中。按照应急行为可能出现的时间、地点，根据任课教师的工作时间和职责、班级学生干部的能力特点等，明确在班级活动各个时段、各种环境下，各自在应急行为管理上的工作内容和责任，通过责任的落实，提高班级全体人员的责任意识和工作积极性；可以建立相应的奖惩制度，以鼓励全体学生积极投入班级的应急行为管理工作。

特殊教育学校班级应急行为管理工作、班主任应急行为管理能力影响着整个学校的安全管理工作，体现了特殊教育学校的整体管理水平。因此，特殊教育班级应当制定更加全面、更具有针对性的应急行为管理制度。

第三节　特殊教育班级安全教育与管理

一、班级安全教育概述

安全是人类生存和发展的必要条件，也是特殊教育班级管理中不容忽视的内容。安全是指避免危险或伤害所有的行为及措施，班级安全是指为避免学生在班级中接触危险或伤害所采取的措施，校园的班级安全问题已成为全世界备受关注的问题。特殊教育班级安全问题尤为突出。

（一）班级安全教育的重要性

1.特殊教育安全第一

近几年来，有关学生人身安全、财产安全的事件屡见报端，对学生进行安全教育已是一件刻不容缓的大事。在对学生进行的各种教育中，安全教育必须放到第一位。特殊教育学校教师，有责任和义务抓好学生的安全教育，做好班级安全管理工作。

2.特殊儿童意外事故发生率更高

特殊儿童受到生理、心理等因素的影响和制约，较难准确辨别不安全因素和采取正确的防范与保护措施，因此他们的意外事故发生率要比一般儿童高。

另外，特殊儿童的特殊情况使家长和教师十分谨慎，很少组织学生进行户外活动。但往往物极必反，"关"得太久的学生一旦获得自由，便容易出现一些失控行为，造成事故。安全教育既是特殊教育的重点，同时也是难点。

3.避免二次伤害的发生

特殊儿童大多数经历过第一次伤害，如果因班级管理不当出现二次伤害，对学生身心发展会造成更大的影响，甚至造成不可逆转的后果。班级管理在任何时间、任何地方均应有安全意识和确保各位特殊儿童安全的相应措施。保护好每一个学生，让他们能够健康、安全地成长，是学校和每一位教师的责任。当遇到安全问题时，教师也不必惊慌失措，应该沉着冷静地应对出现的情况，同时应该加强安全预防措施，确保班级安全，尽量避免二次伤害。

（二）班级安全教育要素

1.安全教育对象

安全教育的施教对象是特殊教育班级的学生。特殊教育班级的安全既与普通教育有相同之处，又有不同之处。由于特殊学生的缺陷和不足，他们的安全教育具有自身的规律、特点，因此班级安全管理的内容、方法、目标的确定和实施是从学生的特点出发来考虑的。

2.安全教育内容

对学生所进行的安全教育不同于对生产、经营企业职工所进行的安全生产教育。对学生所进行的安全教育是根据在校学生的安全特点、校园安全形势和社会治安状况，依据国家有关法律法规和政策，开展的以"防伤害（人身、心理）、保安全（学业、财物）、促发展（身心、才智）"为主要内容的安全教育。

3.安全教育目的

对学生进行安全教育的目的是增强他们的安全意识，提高他们的安全防范能力，确保人身和财物安全，促进身心健康，使他们能够得到全面发展。

4.安全教育手段

特殊学生在智力、认知、感官和动作等方面的发展要比正常儿童缓慢,对抽象知识的理解能力较正常学生有差异。因此,除了对学生进行以传授知识和思想教育为主的安全教育之外,教育过程还必须遵循直观性原则,使用多媒体、现场模拟或者通过游戏活动来进行安全教育。

(三)安全教育的受众

1.对教师的安全教育

班级安全教育的首要前提就是提高教师的安全意识和责任心,教师要把安全放在首位,必须牢固树立"安全第一"的思想,上岗即进入工作状态,从事任何活动均应注意保护学生安全。其次,教师必须具备丰富的安全知识,只有教师具备了安全知识,才能对学生进行安全教育,否则,就难以向学生普及安全常识。对教师的安全教育包括以下几点。

(1)强调安全学习

加强教师的安全知识培训,组织广大教师系统地学习、掌握安全知识。如了解学校各楼梯的安全出口标志,以及遇到危险迅速逃生的通道和方法,掌握灭火器的正确使用方法等。

(2)注重信息传递

电视新闻、互联网以及每月订阅的各类报刊都是教师了解外界信息的途径。如果有教师了解到相关安全方面的信息,就要在全体教师会议上进行讨论学习,进一步增强教师工作的责任心。

(3)自觉排除隐患

教师要带头主动排除各种安全隐患,自觉从身边的每一件小事做起,如人走灯灭、收纳好尖锐物品等,并形成良好的安全检查习惯。在岗教师对每位学生的位置应该了然于心。每天、每周、每月都应有安全检查。

2.对学生的安全教育

虽然教师和家长都尽力呵护学生,以尽量减少事故的发生,但我们应该清楚地认识到成人对学生的保护毕竟是有限的,因此在关注和保护学生的同时,更重要的应该是教给他们必要的安全知识,增强学生的自我保护意识和能力。教师应对学生进行安全教育，让学生树立安全意识，懂得珍惜自己和他人的生命。例如，特殊学生中的智力障碍儿童对安全的认识存在一定的局限性，教师可能要花很长时间才能让他们明白不安全的后果。

在对特殊学生进行安全知识教育时，必须充分调动学生视、听、触等感官，激发学生的学习积极性。教师除可以在课堂上向学生灌输安全知识之外，还应该在实践中帮助他们树立安全意识，"在做中学"是培养学生安全意识的良好方式。教师在日常教育活动中要充分利用学校的安全教育设备，有目的、有计划地创设安全教育情境；结合日常生活教育对学生进行法治教育，培养学生遵纪守法的良好习惯；还可以利用安全游戏活动，从情感培养和行为练习入手，通过树立榜样、正面鼓励、持续教育等方式，结合学生能懂会做的事例，在日常生活中渗透安全教育。

同时，教师还可以通过各种角色的扮演使学生了解社会成员的思想和情感，从而明确社会的安全要求，并在日常生活中自觉遵守行为规则，严格要求自己。长此以往，学生安全的社会行为会增多，能进一步巩固和加强良好的安全行为规范意识。

3.与家长合作搞好安全教育

家长是学生的第一任教师，家庭教育对学生的成长有重大影响，学生的安全问题是家长最关注的事情。良好的家庭教育有助于学校教育工作的开展，而家庭中的安全教育，是每个家长必须重视的。

首先，家长要树立安全第一的意识，加强自身的安全防护意识，既要注意学生健康心理的培养，又要注意日常生活中防火、防煤气中毒、防触电以及饮食卫生、家务劳动中的安全教育。要经常提醒学生注意安全并辅之以一些基本的安全防范技能训练。如火灾安全常识等，平时要有相关演练，还要进行安全过马路、不到建筑工地和铁道上玩耍等安全教育。同时，教师应该加强与家长的联系，相互沟通信息和交流经验，了解学生在学校和家中的情况，采取双方配合、双管齐下的方法，有目的、有步骤地对学生进行安全知识的教育和训练，增强学生的安全意识，促进学生的健康发展。

（四）安全教育的原则

1.教育性原则

教育的目的是培养人，它规定着人的发展方向。所以，在对学生进行安全教育时，必须体现教育性。安全教育就是让学生理解和掌握国家、社会和学校等有关安全教育的法律规章制度，掌握基本的安全知识，树立正确的安全意识，形成强烈的安全责任感，珍惜自己和别人的生命，尽量减少安全事故的发生。

2.持续性原则

安全教育并不是一朝一夕就可以完成的，而是一项长期的工作，需要大家时刻重视、持之以恒。我们要利用一切可以利用的机会和时间，采取各种不同的形式，切切实实地抓安全教育，而不仅仅是走过场、敷衍了事。要在校内养成"安全教育，人人有责""人人讲安全，事事讲安全，时时讲安全"的良好风气和习惯。

3.预防性原则

对学生进行安全教育必须要以预防为主，做到防患于未然。要做好安全工作，就必须树立"安全第一"的意识，凡事都要从安全的角度来考虑。及早发现安全隐患，并及时排除。对破坏安全的人要坚决打击，对危害安全的事情要坚决制止，将有碍安全的人和事都控制在萌芽状态。

（五）班级安全教育的方法

教师在对学生进行安全教育的过程中具有不可替代的作用。对学生进行安全教育，教师可以灵活地采用多种方法，不可拘泥于单一的说教方式。

1.在课堂上进行安全教育

目前一些特殊教育学校片面地追求学科课程的教学，忽视相关安全教育和学生自我保护能力的培养。在校学生所处的年龄阶段，正是人生观的初步形成阶段，对一些事物有较敏锐的感受，在这个时候对他们进行安全教育，会收到事半功倍的效果。学校应该开设安全教育课程，建立一套完善的运行机制。比如对刚入学的新生，教师可以利用班会课带他们熟悉校园环境，并实地教育他们在楼道、台阶、校门处不要拥挤、打闹，在教室如何注意水、电、气的安全，如何识别强酸强碱及有毒物品。在平时课余活动中，引导他们做有意义的活动，避免发生事故。随着学生年龄的增长、知识面的扩大，教师还可以引导他们从杂志、报刊、电视、广播中获取相关的安全知识，引起他们的注意和重视。在各学期的开学典礼、散学典礼或者班会上有针对性地对学生进行安全教育；还可以配合"宣传周""安全日"等活动，适时组织各类安全宣传活动。

2.在日常生活中介绍安全常识并进行演练

教师介绍安全知识除通过专门的课程外，在日常生活场景中也可以进行安全教育，同时通过游戏进行安全演练。例如，教师先带学生到街上了解交警的工作，然后请来交警亲自给学生讲解各种安全标志，结合各种手势介绍交通规则，告诉学生过马路时，要左右看，不在马路上跑和玩。最后通过"角色游戏"等活动，让学生学做交警，这样既满足了学生的求知欲和模仿心理，又促进了学生社会性情感的发展。在对学生进行交通安全教育时，可以选用一些儿歌或故事以增加趣味性。

教师还可以带领学生参观消防队，看消防队员的演习，请消防队员介绍火灾的形成原因、消防车的作用、灭火器的使用方法及使用时应注意的事项等。另外，要定期进行火灾疏散演习，事先确定各班安全疏散的路线，让学生熟悉校园的各个通道，以便在发生火灾时，能在教师的指挥下统一行动，安全疏散，迅速离开火灾现场。家长要配合学校做好学生的安全教育工作，向他们讲解火灾的危险性，在教他们正确拨打119火警电话的同时，也让他们知道乱拨打火警电话的违法性、危害性。此外，还要教会他们一些必要的防火知识，比如哪些物品具有易燃易爆危险，易导致火灾的发生，遇到火灾该怎么办等。

学生在日常生活和运动中若跌碰、摔倒，出现受伤、出血等情况时，会惊慌失措，不能采取正确的应对措施。因此，学校可以请儿科医生为学生进行讲解示范，让学生了解基础的急救知识，避免做剧烈运动等。

3.通过榜样学习来教导学生

有些学生已经有保护自己安全及符合安全规则的行为，这些学生可以作为其他学生的榜样，他们的意见和行为能够对其他学生产生很大影响。当学生有不当行为时，教师可以告诉学生这样做不合适，并讲解原因。

4.从小事抓起，增强学生的安全意识

对学生进行安全教育要从小事做起，以预防为主。比如触电事故对中小学生危害很大，虽然他们与电直接打交道的机会不多，但是教师仍然要教育学生不能擅自乱拆电器、电线；对掉落的电线无论有没有电都不要靠近和接触，而要报告给教师；在使用家用电器时不要用湿手或赤足去拨开关或旋钮；不能随意触摸插座，也尽量不要去插或拔插头；雷雨天尽量待在室内，若在室外活动或行走则不要躲在大树下；要让学生知道，虽然电是看不见的，但是特别危险。

无论我们采取何种安全教育方式，其目的只有一个，即提高学生的安全防范意识，减少事故，保障学生的安全。只有教职工和家长始终坚持"安全第一，预防为主"的原则，真正做到"学校安全，人人有责"，才能为学生营造一个安全、舒适的学习环境，让他们在校园内愉快成长，让家长不为学生的安全问题担忧。

二、特殊教育班级安全管理措施

（一）制定班级安全规章制度

1. 安全管理制度

学校要建立安全管理工作小组，由校长牵头，由责任心强的教师专门负责安全管理，同时加强对各项安全管理制度执行情况的检查，做到专项检查和一般检查相结合、自评与检查相结合、定期与不定期检查相结合。

2. 门卫制度

为了确保学校的教学秩序，必须严格把好进门关，无关人员一律不得随意进入校内；即使是有事进校，也要认真做好登记，以便在发生意外情况时能及时找到相关人员。另外，门卫必须严格禁止学生擅自单独离校。

3. 学生接送制度

家长把学生送到学校必须和教师做好交接工作；学生离校时，家长必须到学生所在班级接学生。一般情况下，非学生家长不能接走学生。

4. 药品保管制度

学生生病时经常会带药到学校服用，教师必须在药品上写上学生的姓名、服药剂量及服药时间等，以免造成学生服错药的情况。另外，药品必须放置在学生拿不着的地方，以免学生误食。

5. 日常教育各环节的安全常规

带班教师不得离开活动室。每个学生都必须在本班教师或保育员的视野之内，以便及时发现不安全因素，并进行处理。教师必须严把晨检关，及时发现学生的口袋中是否有不安全的东西等。特别是在室外活动时，更要加强安全管理和安全教育。

（二）保障校内环境安全

不安全的环境是引发学生意外伤害事故最直接的原因之一。因学校的校舍、场地、其他公共设施，以及学校提供给学生使用的学具、生活设施、相关设备不符合国家规定的标准，或者有明显不安全因素而造成的学生伤害事故，学校应当依法承担相应的责任。学校环境方面的不安全因素有很多，主要表现为：学校的危房、危墙；大型玩具和运动器械年久失修，螺丝脱落；栏杆过低、松动；栏杆下堆有杂物；过道上的窗户过低；玩具、教具的材料有毒；活动场地太滑或太坚硬；铺设的保护垫或地胶板不符合环保标准；建筑物有锋利的棱角；花盆放在了容易坠落的地方；等等。这一切都是潜在的安全隐患，必须及时排除，以确保校内环境的安全。

在班级管理中，应该高度关注环境安全设施，班级门口应配备灭火器和电闸，教室过道应宽敞、少障碍，窗户栏杆用木栏为佳（铁栏杆遇火灾时救援比较困难），还应该经常检查玩具、体育用品和教具，及时进行更换和修补。各类学校应该根据学生的特点设置校园设施，例如，盲校教室的门窗、书柜门应该敞开或关紧，不能半开半关，防止学生行走时发生危险；聋校应为聋生提供视觉提示标识等。

校内发生意外事故在所难免，一旦发生意外，在场的教师首先要对学生进行必要的处理：伤势轻微的，可由教职工直接处理；需要校医处理的要及时将学生送医务室；伤势重的要及时送医院诊治。另外，学校应该坚持"依法、公正、合理、适当"的原则，在弄清事情原因、分清责任的基础上，妥善处理各类意外事故，保护好学生的人身安全和各项权益。

（三）具体的安全措施

在拟订安全制度时，各特殊教育机构应有具体的安全措施，主要应包括以下内容。

第一，教师上岗要能随时准确说出学生在何处、干什么，要抓紧对意外事件高发时段的调控（教学场地转移，活动内容转换，学生进校前后、午休前后、如厕、自由活动时），要立即判断可能出现的后果，并能预先干预。

第二，组织外出活动（如春游、参观等）时，教师先要对活动场地进行安全调查，通知家长，鼓励家长参与。班级所有教师均应参加，并事先对学生做好安全教育，学生教师配对，每位教师都分配固定学生进行照看。

第三，教室电器使用后应立即拔下插头、切断电源（如电扇、电脑等）；遇到电线漏电、失火，先切断总电源再抢救；若有同学触电，不要直接用手拉扯触电者；遇到雷雨狂风等异常天气要及时拉下电闸，检查所有窗户，应备有应急灯、电筒，不宜使用蜡烛。同时，要教导学生切勿惊慌，要冷静应对。

第四，药物应妥善放置，避免错服、误服，还应准备有常用药，常用药要置于药物箱内，外用、消毒药的放置应慎重，切不可让学生私自取用。学生自带的药物应另放一处，写好学生姓名、服用时间、剂量，给药时要人药对照，要准时给药服药。开水瓶或锐器（如尖刀、剪刀等）用过以后放在学生拿不到的地方，在教导学生正确使用锐器时也应注意安全，用完后立即收回放妥。

第五，关于学生上学放学。在学生年龄较小或对环境较生疏时，由家长接送或教师护送，家长接学生时需与教师交接，教师不得将学生交到陌生人手中。

第六，学生突然受伤或发病，可视情况及时处理，必要时立即送医院，并立即通知家长。

第七，住宿学生应准时就寝，检查门窗是否关好。夏天要通风、防中暑，冬季也应注意通风，无关人员不得随意进入教室、学生寝室，学生寝室不得留宿他人。

第八，遭遇盗窃或抢劫时，要沉着、镇静、机智，以保护学生生命为第一要务，权衡利弊正确处理。

第九，教师应有学生家庭住址、家庭或父母单位的详细通信地址和电话号码、手机号码，应有所在社区主要服务机构，如医院、咨询服务台等的电话号码，教师应牢记火警119、急救120等号码，同时应该教学生记住这几个号码并学会操作使用，以便在遇到突发恶性事件时立即拨通相关电话求助。在平时，教师应与社区服务机构保持联系，让社会了解本区特殊儿童的情况，便于救援。

对于特殊教育而言，班级的安全管理是一项长期、细致、辛苦的工作，它需要学校、社会、家庭各方面的共同努力，需要大家坚定信心、坚持不懈地抓紧、抓好安全管理。大家只有齐心合力才能做好班级安全管理工作。如果人人都遵守"安全第一，预防为主"的原则，真正做到"学校安全，人人有责"，那么我们的班级安全管理工作一定能够做好，安全事故也会得到有效控制。

第四节 特殊教育班级卫生健康管理

一、班级卫生健康管理的基本知识

（一）实施班级卫生健康评量

1.班级卫生健康评量类型

（1）按照评量时间分类

班级卫生健康评量按照评量的时间可以分为前测、行进中的评量、后测。前测是在进行班级的卫生健康管理之前对班级的卫生健康状况所做的评量，目的在于了解班级的整体情况，为日后的班级卫生健康教育和管理提供依据。进行中的评量是对班级卫生健康管理实施的监督，通过测评，了解在教育和管理介入后班级卫生健康状况发生的变化，及时、准确地调整教育和管理策略。在规定的时间范围（如一学期或者一学年），对班级卫生健康管理工作进行评价（后测），检查管理是否达标，同时总结管理中的经验教训，以便更好地拟订下一阶段的管理条例。

（2）按照评量内容分类

班级卫生健康评量按照评量内容可以分为师生总评和师生自评。师生总评是指师生一起对班级卫生健康状况进行评量，了解班级的总体情况。师生自评是指教师和学生分别对自己的卫生健康状况进行评量，了解各自的不同情况。

2.班级卫生健康评量标准

（1）卫生标准

以国家规定的学校卫生标准和学校健康教育基本要求为主要依据。

（2）学校的具体情况

不同地区、不同民族、不同类型的特殊教育学校有着不同的条件，各个班级在进行班级卫生健康评量的时候，要着重考虑所在学校的具体条件，比如学校对卫生健康管理的资金投入等。

（3）班级实际情况

特殊教育学校各个班级之间的情况均有很大差异，比如聋生、盲生、智力障碍儿童班级学生的整体特征不一样，即使是在同一个班级中不同学生之间仍有着很大的个体差异，如障碍的程度、能力差异等。班级卫生健康管理的对象是班级的学生，在进行卫生健康评量时必须从班级学生与教师的具体情况出发。

3.评量人员的确定

一般来说，参与班级卫生健康评量的人员有班主任、学生、学校领导、家长以及其他相关人员（如保健医生、清洁人员等）。

4.评量结果分析

评量完成以后，所有的参评人员一起，对评量的结果进行整理、分析、记录。找到存在的主要问题，分析问题形成的原因，制定解决问题的方案。在对评量结果进行分析的时候，一定要遵守客观性原则。

（二）制定班级卫生健康管理条例

在对班级卫生健康状况进行评量以后，根据评量的结果，结合学校的要求和学生自身的心理、生理特点，拟订班级卫生健康管理条例。

1.条例要求

①明确性。条例的内容必须一目了然、有针对性。

②可操作性。条例的内容必须具有可操作性，如每次用餐前，学生必须清洗双手。

③科学性。卫生健康管理条例应该符合国家卫生健康管理标准和班级学生的具体情况，要保证其是科学合理的，而不是凭空拟订的。

④简洁性。条例不宜太复杂，要用通俗的语句，以便于师生记忆。

⑤整体性与差异性。由于特殊学生的个体差异非常明显，条例的拟订要注意共性、突出个性，对同一个班级不同的学生，卫生健康管理的具体要求可能不尽相同，在拟订条例时，要尽可能地标清楚，关注到全班和每一位学生，这样的条例更便于执行。

2.条例基本结构

（1）行文

任何条例，必须诉诸文字，形成条文。在特殊教育中，部分学生对书写文字无法认读，可通过符号、手语、口语、图表、声音等学生能够理解的形式，让他们明白条例的要求。

（2）配套措施

条例制定完成之后，班级应有完成各条例规定项目的相应措施，比如需要的能力、知识、策略运用等，以及明确该条例的执行时间。

（三）班级卫生健康管理注意事项

1.管理主体多元化

在特殊教育班级卫生健康管理中，首先，班主任和任课教师要以身作则，教师群体要注意卫生健康，不吸烟，不随地吐痰，给学生正确的引导。其次，家庭与社会要积极参与，家庭和社会对学生的影响至关重要。家长是学生的第一任教师，家长的言传身教是健康卫生管理的重要方面。家庭卫生习惯、文明健康的生活方式也是特殊教育中很重要的一个方面。最后，学生自主管理。卫生健康的班级氛围应该由师生共同创造，因此要充分发挥学生的主动性，创设学生个体自评、小组自评、班级自评的评价方式，实行小组联络员轮流制，建立合作伙伴关系，形成卫生健康习惯，构建自我管理机制。

2.持续与有效的卫生健康管理

（1）加强卫生健康条例与规定的执行力度

每学期例行的身体检查、每周五全班教室清洁卫生评比、周一的个人卫生检查等都应按规定进行。管理特殊学生身体健康档案、药物过敏、食物禁忌、发病情况记录与处理记录。

（2）落实管理人员

实施卫生健康管理的人是班主任、教师督导小组，同时学校领导、家长小组、专业人员（医生、心理学工作者）以及学生检查小组等也会参与其中。

（3）进行卫生健康评比

应长期坚持执行卫生健康评比，对卫生健康检查结果应予公布，并展开小组之间、个人之间、班级之间的评比活动。相关评比活动应有明确的奖励与批评，卫生健康状况不佳的应积极改进。

3.创设卫生健康管理条件

（1）相关物质条件

要想形成良好卫生健康行为，管理方应提供起码的条件，配备常用的生活卫生设备，如洗手槽、抹布、扫把、拖把、垃圾袋（箱）、常用药（消毒液、药品、外用药物）、身高测量表、体重秤、特殊学生常用药物等。

（2）形成卫生、健康的环境

班级应有干净、整洁的物理空间，还要有相应的生活与教学秩序，配有文字、图画等，起到提醒作用。

二、特殊教育班级卫生健康管理的原则与内容

（一）特殊教育班级卫生健康管理原则

1. 共性与个性相结合

在特殊教育班级卫生健康管理中，要有与普通教育相关的共同性的内容和规定，同时要满足有不同特殊需求学生的需要，如盲、聋、智力障碍儿童等儿童。针对不同学生对卫生健康的特殊需求，要有专门的设备，还应个别化对待，同时公正、公平地处理个体差异。

2. 面向全体学生

班级卫生健康管理，管理的不只是有障碍的学生，而是全体同学。既有面的关注，又有点的支持。在特殊教育班级中，也应点面结合。

3. 预防与发展相结合原则

卫生健康辅导应在学校教育的早期阶段就开始进行。在教育过程中，教师应采取主动态度，未雨绸缪、防微杜渐。对于社会处境不利的学生、生活发生了重大变故的学生、屡遭挫折的学生，教师应及早发现并实行干预。

4. 尊重与理解学生原则

在卫生健康教育与管理过程中，教师一定要尊重学生，以平等的、民主的态度对待学生。尊重学生的选择。教师应该多从态度和技术两方面加深对受辅导学生的理解。

5. 学生主体性原则

卫生健康教育与管理要以学生需要为出发点，尊重学生的主体地位，鼓励学生"唱主角"，尽可能多地开展活动。

（二）特殊教育班级卫生健康管理的内容

1.清洁卫生

勤洗手，勤剪指甲，勤洗头、理发，勤洗澡换衣；早晚刷牙，饭后漱口；用自己的毛巾、手帕；不将手指、铅笔之类的东西放入口中，不用手揉眼，不挖耳和鼻孔；咳嗽、打喷嚏时用手帕掩盖口鼻；爱护公共卫生，不随地吐痰，不乱丢果壳纸屑，不随地大小便；做好卫生区的保洁工作，扫地时先洒水，以湿抹代替干擦，见蚊蝇就除等。

2.饮食卫生

饭前洗手，饮食要定时定量，进食时不谈笑，细嚼慢咽。不在饭前、劳动后大量喝汤水。不乱吃零食，饭前饭后不做剧烈运动等。

3.生活卫生

按时作息，早睡早起，养成正确的坐姿和睡眠姿势。每天要有充足的睡眠，能集中注意力，愉快地参加各种活动。

4.运动锻炼的卫生

每天参加运动锻炼，养成户外活动的习惯（课间和课外）。运动后不立即洗冷水浴。

5.用眼、用耳卫生

看书、写字要保持正确的姿势，做到"一尺、一寸、一拳头"，看书半小时至一小时应休息、远眺，不在直射的阳光下或暗弱的光线下看书写字，不在躺着、走着、坐车时看书。不连续长时间看电视，控制每天上网时间，打接手机、收发短信、使用电脑等均应有节制，不用淡色铅笔写字，每天要认真做眼保健操。

三、特殊教育班级卫生健康管理的重难点及策略

（一）特殊教育班级卫生健康教育的难点与重点

1.青春期卫生

特殊青少年青春期的重要性已经越来越受到社会的关注。青春期学生不仅有特殊的生理特点，也处于长身体的重要阶段，因此必须注意青春期卫生。由于特殊青少年理解能力有限、社会接触面较窄、身体成长与心理成长不同步，在青春期遭遇的问题和困扰

比普通青少年更为严重。

青春期的卫生主要包括身体和心理两方面。身体方面要注意加强营养,以满足青春期身体生长的需求;注意坐和站的姿势,以便全身各部位匀称发育;注意用眼卫生,看书、写字时间不宜过长,书本与眼睛应保持合适的距离,不要在光线较弱或阳光直射的情况下看书写字,也不要在走路、坐车或躺着时看书,以免影响视力;要合理安排作息时间,定时休息,保证睡眠;要加强体育锻炼,这样既可增强体质,又可使大脑得到锻炼。

在心理方面,随着身体的迅速成长,第二性征出现,这使青春期的学生在心理方面也发生了许多变化,学生的行动、言论、爱好、性格等都不同于儿童时代。教师应当给予适当的照顾和关心,给予必要的正确引导。

2.对烟、酒的管理

烟、酒给青少年带来的危害众所周知。由于特殊青少年社会经验不足,缺乏分辨是非的能力,处于青春期时更可能被烟、酒等吸引。在卫生健康教育中,教师要组织学生学习讨论烟、酒的危害,指导学生掌握正确的处理方法,不吸烟、不喝酒。

(二)特殊教育班级卫生健康管理策略

1.要有终身教育意识

特殊学生卫生习惯的形成既有阶段性,又有一贯性与持续性,属于终生教育的内容。特殊教育学生应该培养的卫生习惯的基本内容包括:个人身体和环境的清洁,有规律的正常生活,合理的饮食等。

2.家庭教育不可或缺

大量的卫生健康行为都产生于家庭环境,家庭是进行学生卫生健康教育最适宜的环境。家庭的整洁和有规律的家庭生活时间安排、和睦的家庭气氛对于教育都是非常有益的。

家庭应人人讲卫生,积极从事体育锻炼,父母和家人应注意对孩子进行卫生健康教育,督促并鼓励卫生健康行为。除家庭卫生健康教育外,家长可带领自己的孩子参加社区的公共卫生活动(例如清扫大街,防病及卫生健康宣传教育等),积极参与全民健身活动(如晨练、跑步、竞走、自行车赛等),教会孩子正确使用公共健康设施,爱护公共卫生及设施、设备。

培养家庭成员的卫生健康习惯,有助于孩子过上卫生健康的生活,享受健康人生。教育如此,家庭教育亦应如此,这样孩子才能养成卫生健康行为习惯。学校与家庭教育的背离会使孩子难以形成良好习惯,特殊孩子在面对家庭教育与学校教育的背离时,会更加难于抉择、无所适从。

3.树立范例

卫生健康教育最好给出示范,如前所说,教师、家长的行为是孩子的示范,同时同伴间也可以相互示范,还有成年人、公众人物的示范等。

示范是正向的,是对某种行为的肯定。对良好的卫生健康行为进行赞扬与肯定,可以激发学生的效仿。

4.注重情境教育

卫生健康教育提倡情境性,与实际操作同步进行,比如将香蕉皮扔进垃圾箱、跑步、跳绳活动,做眼保健操,有规律地按时起床、入睡等。学生在相关环境中学习,有助于养成良好的卫生习惯。卫生健康教育的目的就在于实际运用,在学习阶段还可以采用创设情境、模拟情境和真实情境相结合等办法。

第五节 特殊教育班级资源的运用与管理

一、班级资源运用与管理概述

(一)班级资源的含义

凡是与班级教育教学相关,对班级教育教学起作用的事物均可称为班级教育教学资源,包括物质的或精神的、有形的或无形的、校内的或校外的等。

特殊教育班级的教育教学资源有其特殊性,如在人力资源上比普教班级需要更多义工的参与;特殊的教具(如聋生的助听器、智能听力机、听觉转换仪、人工耳蜗,盲生的盲文课本、视觉转换仪、语音电脑系统，启智班的直观教具等）；学生个人的特殊资料等。

（二）班级资源的分类

班级资源是教育过程中占有、使用和消耗的人力、物力和财力资源的总和。其中人力资源包括教师、学生、与教学相关的人员（家长、教辅人员、教育专家等），以及他们之间的相互关系；财力资源包括在教育教学活动中投入和使用的所有经费。

1.教室资源

教室是开展教育教学活动的主要场所。其资源主要包括基础设施、清洁卫生设备、文献资料、日常生活用品、现代教育技术、特殊用品等。

2.办公室资源

办公室既是教师活动的场所，又是进行教育诊断、评量和个别化教学的主要场所，同时还是班级的一些重要教育教学物品存放的场所。其资源包括基础设施、文献资料、教具学具、班级中大型或贵重资源、办公用品等。

（三）班级资源的作用

教育教学资源贯穿于教学实践的全过程，是教学活动顺利进行的保证，其本身并不对教学产生直接的影响，它对教学的影响取决于师生对资源的利用情况。班级资源的作用主要有以下几个。

1.班级资源是教学活动的物质基础和前提条件

班级资源可以看作教师和学生进行教学活动的媒介和桥梁，他们依赖和利用教学资源完成教学活动。教学活动的顺利开展离不开适当的物质资源的支持，离开了物质资源，教学活动只能是纸上谈兵。教师在设计教学活动的时候必然要考虑现有资源和可能利用资源的情况，否则设计得再好的教学活动也无法实施。

2.班级资源是教学实践活动本身的有机组成部分

广义的班级资源（教师、学生及相互关系）是教学实践活动的主体，而班级物质资源中的教材等是教学活动的对象，是承载教学内容的载体。教学媒体是联系主客体的纽带。这些主客体相互作用，共同组成了教学实践活动。

3.班级资源影响教学目标的制定和教学诊断及评估方案的设计

教师在制定教学目标时应该考虑到班级现有资源的支持或者是否可以开发利用有关资源，否则相关教学活动就无法开展。教育诊断和评估在特殊教育中的应用非常广泛，而这两项活动的开展必须依赖教育诊断及评估工具等教学资源。

（四）班级资源管理的原则

资源管理是教师工作的重要组成部分，同时也是班级教学活动顺利开展的重要保证。进行班级资源管理应把握其特点，使班级资源得到最合理、最有效、最充分的利用。在进行班级资源管理时应坚持以下原则。

1.资源配备应适用、有效

配备适用、有效的教学资源是班级资源管理最重要的原则。在资源配备的过程中要充分了解班级教学活动的需要及班级的实际情况，使资源能物尽其用，为教学活动提供最有效的帮助。一些大而无用、贵而不当、不利于教学活动的资源不予配备。

2.资源配备有轻重缓急之分

教学资源根据其在教学活动中的作用可以分为急需的、必备的资源和可以稍缓一步配备的资源。例如，教室、桌椅、教材这类资源如果不到位，教学就无法进行，它们属于急需的、必备的资源。而照相机、摄像机等资源若暂未配备，则不会影响正常的教学活动，可以暂缓一步配备。

3.资源配备要有计划

教学资源不可能一次性配齐，除第二点提到的教学资源应按在教学中的作用配备外，学生还会在教学实践活动中产生新的需求，需要配备新的教学资源。因此学校和教师应该有关于教学资源需求和配备的计划。有的资源需要通过学校才能购置，教师应预先做出申报计划，由学校统一协调购置；有的资源教师可以自制或自己购入，也应根据教学需求拟出计划，提出资源名称、种类及制作或购入的顺序。

4.充分利用各种资源

教学资源一旦配备就应该充分使用，充分发挥其作用。闲置资源是一种浪费，也是教师工作不负责任的表现。资源的充分利用不仅体现在本班各学科的教学中，也要重视学校各个班级共享资源这一途径。比如某个班配备的好的图书、教学光碟等资源，其他班级如有需要也可以使用。教师不仅要学会在其他班级寻找教学资源，也要学会将本班的资源贡献出来，与大家分享。教师在教学活动的设计中也应考虑已有的资源，在此基础上开展教学活动，使资源尽可能得到充分利用。

5.资源必须进行严格的管理

为了保证教学资源能合理利用，充分发挥资源的作用，学校需要进行严格的资源管理。资源管理需由专人进行，对各种资源登记上册、分类保管，制定相关的资源管理规章制度，如借出和归还手续、损坏赔偿规定等。

6.教学资源的开发

教学资源不仅需要购置，更多的应该是在教学实践活动中由教师设计开发，这包括根据教学需求制作一些简单的教具、学具，也包括根据特殊学生的特点，利用现代化的教学技术（计算机、多媒体教学手段等）开发设计适合他们的教学工具等。

二、班级资源管理的主要内容及措施

班级资源管理涉及许多方面，教师除了应遵循上述管理原则外，还应该了解每类资源的管理方法及措施。本部分就班级资源管理的主要内容和措施进行较为详细的介绍。

（一）教室资源管理的主要内容及措施

如前所述，教室资源主要包括基础设施、清洁卫生设备、文献资料、日常生活用品、文体用品、现代教育技术、特殊用品等。

1.基础设施

基础设施资源包括黑板、课桌椅、书柜、通风设备（如空调）、教学用品等，这类资源是教学活动最基本的保证。管理这类资源时首先应保证其质量合乎标准，以免给学生的身体造成伤害；其次要保证它们的清洁卫生，制订每日的值日计划，做好教室及各类资源的清洁；再次，师生要爱惜课桌椅、书柜等，不乱砸乱碰，不乱写乱画，若有缺损要及时修补；最后，对主要设备应进行物品登记，若有人有意损坏应按有关规定处理。

2.清洁卫生设备

对特殊教育来说，清洁卫生的意义不仅是维护教室和学生自身的整洁，更重要的是，它是培养学生生活自理能力及家务技能的一个重要途径，是教学活动的组成部分。因此各教室必须配备充分的清洁卫生设备，包括抹布、拖把、扫把、盆、桶以及洗涤用品（洗涤剂、洗手液、肥皂、香皂、洗衣粉等）。教室内应开辟专门的一角作为卫生角，将这些设备分类、整齐摆放。同时这些设备也应有记录，教师要根据班级和学生的具体情况，指定专人统一保管，也可分发给学生，由学生负责保管。

3. 文献资料

文献资料包括与教学相关的图书、光碟以及电子阅览物等，这类资源通常由学校分发、班级购买或捐赠而来。班级的文献资料要分类整理存放，并由专人管理，要登记好借还的数量及日期。教师指导学生制作登记卡，并进行图书的修补等工作。除班级登记外，学校还需要对文献资料统一登记备案，以保证资料在各班级之间的有效流动和资源的共享。

4. 日常生活用品

学生的日常生活用品包括洗漱用品、水杯或饭盒、衣物等，这是学生在学校一日生活中所必备的资源。在班级中应配备学生饮水用的水桶、壶、瓶等，开水瓶、桶的放置要安全且方便使用，保证学生饮水的卫生、安全。每个学生应配备水杯，教师可设计不同的标志，让学生自行选择、标识自己的杯子。水杯必须每天清洗、消毒。每个学生还应配备洗脸毛巾，一人一条，不得混用，挂于室外通风处，定期清洗消毒并更换。要在教室内设置适当的场地供学生放置书包、衣物等，一人一格。日常生活用品的管理不仅有助于方便学生的生活，保证教室的整洁，同时也是培养学生生活自理能力的途径，教师可将其纳入常规训练中指导学生完成。

5. 文体用品

文体用品不仅可以丰富学生的课余生活，还可以用来进行教学，指导学生完成特定的教学目标，培养学生的动手能力等，是教学资源的重要组成部分。文体用品包括文娱用品和体育用品。

班级中的文娱用品通常较为丰富，可以分为两类：一类是棋、牌、玩具、小型乐器等文娱用品。这类资源由教师登记后可由学生管理，放在学生方便拿取的地方，供学生使用。另一类是电子琴、吉他、风琴等大型的文娱用品，这类资源通常由教师管理，学生使用应得到教师许可。如果学校条件有限，不能为每个班级购置大型文娱用品，则应建立相应的制度，保证这类资源在班级的流通，保证其充分使用。

体育用品也可分为两类。一类是球、绳等小型体育用品。其管理和小型的文娱用品相似，但教师应注意指导学生安全使用这些用品，比如，防止球砸伤同学等。另一类是双杠、滑梯、秋千、蹦床等大型体育用品，这类体育用品通常置于室外，全校所有同学均可共享，其管理除按大型文娱用品的管理方法外，还应注意其卫生和安全，应常清扫、常检查、常维护。同时，教师还应指导学生安全使用，能力有限的学生应在教师的指导和帮助下使用。

6.多媒体

多媒体资源包括电视机、投影仪、电脑等。利用这类资源可以使教学活动更加直观、生动、具体，有利于提高学生的学习兴趣，调动特殊需要学生多种感官协同作用，提高教学效率。随着科学技术的发展和人民生活水平的提高，越来越多的特殊教育学校配备了多媒体资源。这类教学资源通常价格比较昂贵，且易被损坏，应由学校指定专人管理，定期维护清洁，制定相关的使用及借用办法，并保证其在教学中能被充分使用。

7.特殊用品

由于每个学生都有自身的特点，特殊教育班级中还需要备有特殊用品，包括聋生的助听器、人工耳蜗；盲生的盲文课本；沟通障碍学生的电子沟通板；肢体障碍学生的轮椅等。

教师应了解学生的特点和物品的性能，帮助学生正确使用和维护这些物品，教给学生妥善的管理方法，为学生购置和更换产品提供建议。同时，教师还应帮助其他学生正确认识这些物品，不要嘲笑使用这些物品的同学。有的物品学生不需时时使用，应在教室中提供专门的场所供学生存放。另外，特殊教育班级的学生有的存在生理上的疾病（如癫痫），需要定期按时服药，教师应遵照家长的要求妥善保管学生的药品，并指导和监督学生服药。

（二）办公室资源管理的内容及措施

如前所述，办公室资源包括基础设施、文献资料、教具学具、班级中大型或贵重资源、办公用品等。

1.基础设施

办公室的基础设施包括办公桌、椅、书柜架等，要求干净、整洁，并做好财产登记工作。

2.文献资料

办公室内的文献资源与教室的文献资源有一定的差异,有的文献既可以存放在办公室里,又可以存放在教室里,如与教学相关的书籍、音像资料等;有的文献资料如教育诊断评量的工具等只能存放在办公室。且两类文献资源的管理方法也存在差异。因此,本部分将其分开讨论。

办公室的文献资源除教师用的专业书籍、光碟、影碟以及电子阅览物外,还包括教育测量工具(如比奈-西蒙智力量表、韦氏智力量表)等,这是教师教学非常重要的资料,随时都可能使用,因此应严格、规范管理。使用时要履行相应的借阅和归还手续,并做详细的记录。对于一些需要保密的评量工具要严格执行保密制度,对一些应该推广和应用的评量工具要积极推广。学校要经常有目的、有计划地购入需要的图书、资料以及测量工具等,同时对现有的图书资料要充分利用。另外,教师也应大胆地根据教学实践开发一些适用的、非标准化的测评工具,丰富文献资源。

3.教具、学具

办公室是存放教具和学具的主要场所,应配备专门的教具柜。由于大多数教具和学具可以反复利用,因此要将其妥善保管。教师应该在上课前一天准备好教具,必要时可备两份,以防发生意外,造成教学时的忙乱,影响正常的教学。教具、学具借用时应办好手续,每学期应对教师使用教具、学具的情况做好记录并进行分析,同时要大力鼓励教师自制教具和学具。

4.办公用品

教师的办公用品,如笔、纸、墨水、颜料、尺子、订书机、图钉、胶水、透明胶等是教师在教学活动中经常要使用的教学资源,也是保证教学活动正常进行的最基本资源。这些办公用品应准备充足,快用完时应及时补充。教师在使用中也应本着节约原则,合理使用,切忌浪费。

三、班级资料运用与管理

班级资料包括学生资料、教师资料等,其管理是班级资源管理的一部分,本该归在前面的内容中说明,但特殊教育的班级资料管理涉及很多特殊的内容和要求,因此单独列出来进行介绍。

（一）班级资料的含义

班级资料是指在教学过程中与教师、学生、教学活动有关的最原始的第一手资料，是了解学生和教育教学过程的重要依据，具有独特的价值，在班级管理中具有非常重要的作用，主要由教师进行管理。

（二）班级资料的分类及主要内容

班级资料根据针对的对象，可以分为学生资料、教师教育教学资料以及其他资料等。

1.学生资料

班级学生资料是全面反映学生基本情况和学习情况的资料，包括学生的基本资料（如姓名、性别、出生年月、家庭情况、受教育情况等）、学生的健康资料（医院的诊断报告书、服药的情况等）、部分测查鉴定资料、教育诊断、课程评量的结果，每学期期末学生的作业（如语文作业、数学作业、美术手工制品等）、学习成绩记录、个案报告书、学生的个别化教育计划、优秀作品，病、事假条，以及学生的照片、录像、音像资料等。

2.教师教育教学资料

教师的教育教学资料主要指记录教师教育教学情况的资料，包括教学计划、班级管理计划、教案、课程表、教学总结、教研记录、教研资料、每日班务记录、学生行为记录、家长联络簿、家长培训和咨询记录等。这些资料真实而充分地反映和记录了班级教育教学活动进展的情况，能帮助教师正确地检验和反思自己的教育教学活动，为他们更好地提升自己的教育教学水平提供依据。

3.其他资料

在班级管理中，除了与教育教学密切相关的教师和学生资料，还有一类资料，它们与教育教学没有直接的关系，但是在班级管理工作的正常运作中起着积极的作用，包括班级物质登记资料、财务资料（班费管理等）、往来账目登记、教师外出学习参观资料及记录、各种班级管理条例及规章、学生行为规范、上行文、下行文、来访人员登记等。这些资料看似对教育教学的影响不大，但在班级管理中发挥着重要作用，必须引起教师的高度重视。

由于特殊教育各班级有各自的实际情况，除上面提及的资料外，教师在班级管理中还应根据各班自身的情况确定资料管理的内容。

（三）班级资料管理的原则和方法

在特殊教育的班级资料管理中有许多与普通教育班级类似的原则和方法，但由于其特殊性，也有许多不一样的方法和原则。

1. 资料管理应该全面

班级资料的收集要尽可能全面。尽可能收集涉及各个方面的资料，教师不能只凭个人的判断去收集和保存自己觉得有用的资料，还应多听取家长及其他专业人员的意见。因为有的资料现在看似无关紧要，但在某些时候往往能发挥很大的作用或者说明很多问题。所以每位教师都应该树立全面收集资料和保存资料的意识，随时注意对各类资料的收集。

2. 资料管理应该有连续性

资料是一个班级发展和教学活动进展的记录，反映了班级和学生的真实情况，在管理过程中必须保证其连续性。由于各种原因，学校内各班教师可能会发生流动或者有教师会离开学校，但资料是跟班级和学生在一起的，不能因为教师的流动而流动。管理资料的教师在离开之前要做好资料的交接工作，一些重要的资料还需双方签字认可。在学生转校或者转班的过程中，其个人资料应随着学生到新的学校或班级，保证相关评估和教育资料的完整性和连续性。而原来班级的教师为了教学和研究的需要，可以在家长同意的情况下复印学生的资料存档备份。

3. 资料应分类、有序地进行管理

班级的资料通常较多，涉及的内容也较广泛，如果将所有资料混放在一起，就难以查找和利用。教师可准备一些记录本、文件袋、文件夹，将各类文件和资料分类整理归纳，并在封面标注好资料的类型、内容和日期，如果时间允许还可以编制资料目录，便于查找。分类整理好的资料可以分类存入文件柜，文件柜上也应根据资料的类别分别贴上标签。

4. 资料应定期处理、调整

整理好的资料不应该是永远存在文件柜里，资料保留一定时间以后，应做资料处理及调整工作。根据各班的具体情况，有的资料需要重新装订，有的资料需要永远保留，有的资料可以不再保存。一学期结束时，教师可以将各类资料取出，与上学期同类资料按时间顺序排列后装订好,形成一学年的资料,这样的资料既有阶段性,也较为完整。对于一些资料,比如学生的作业,一学期后可留下一些重要且具有代表性的,其余的可发还给学生,学生的病、事假条在作病、事假记录后,学期结束时可以不继续留存。

5.充分利用资料

班级资料对教师的教学活动有重要的指导作用,必须充分地利用各类资料,因此教师对资料不能只存不用,应经常查看,进行分析,对各类资料做比较研究,找到资料本身之间的本质联系,准确地把握学生的需求和实际情况,不断检查教师的教育教学活动,发现问题、总结经验、探索求新。

6.部分资料的保密性

特殊教育班级中有一些资料涉及学生及家庭的隐私,应给予尊重,注意这些资料的保密。例如,学生的健康资料、鉴定资料、家庭状况资料不能随意透露给无关人员,学生的照片或录像未经本人、家长的同意不得随意展示。

7.资料的数字化管理

随着计算机在特殊教育学校的普及,资料保存除传统方式以外,还可以利用计算机和信息技术对资料进行管理和保存,一些重要资料可刻录成光盘永久保存,这样可以提高资料管理和利用率,有的资料还可以通过网络便捷地共享。使用数字化的资料管理方式,要注意在保存文件的时候应留有备份文件,保证出现意外情况时不影响正常的教学,同时对一些需要保密的电子文档加设密码,注意文件安全。

第四章 特殊教育管理体制建设

第一节 特殊教育管理机构的划分

一、特殊教育行政机构

（一）教育行政部门

教育行政部门负责执行国家关于特殊教育的方针政策；制定教学计划、教学大纲和有关规章制度；会同计划等部门做好特殊教育规划；对特殊教育工作进行宏观指导和具体管理；负责特殊教育师资的培训和组织特殊教育教材的编审。目前，教育部基础教育司特殊教育处负责管理全国特殊教育工作；各个省的教育厅基础教育处负责全省的特殊教育工作，各市、区（县）初等教育与学前教育科管理本市、区（县）的特殊教育工作。

（二）残疾人联合会

中国残疾人联合会是国家法律确认、国务院批准的由残疾人及其亲友和残疾人工作者组成的人民团体，是全国各类残疾人的统一组织。中国残疾人联合会要把发展特殊教育作为自己的重要任务之一，协助政府，动员社会，做好特殊教育工作。请中华全国总工会、中国共产主义青年团、中华全国妇女联合会等社会各界热情支持特殊教育事业。

（三）民政部门

民政部门主要负责组织儿童福利机构和社区服务机构，对残疾儿童进行学前教育、文化教育和职业技术教育。

（四）卫生部门

卫生部门负责残疾少年儿童的残疾分类和检查诊断，并配合做好鉴定工作；对特殊教育学校（班）的残疾少年儿童的康复医疗进行指导；宣传、普及康复医学知识。

（五）劳动部门

劳动部门要积极协助有关部门，组织推动残疾青年的就业前培训和在职培训。残疾青年的就业，在国家统筹规划和指导下，实行劳动部门介绍就业、自愿组织起来就业和自谋职业相结合的方针，由民政、劳动部门共同负责安排和指导。

（六）规划和财政部门

规划和财政部门要对特殊教育事业发展规划做好综合平衡，并制定政策，在基建投资和经费方面给特殊教育事业以积极的支持。

二、特殊教育学校内部管理机构

特殊教育学校是指由政府、企业事业组织、社会团体、其他社会组织及公民个人依法设立的专门对残疾儿童、少年实施义务教育的机构。特殊教育学校的学制一般为九年一贯制。

（一）特殊教育学校实行党组织领导的校长负责制

特殊教育学校应实行校长负责制，校长全面负责学校的教学和其他行政工作。按照分级管理、分工负责的原则，特殊教育学校在当地人民政府领导下开展教育工作。特殊教育学校应接受教育行政部门或上级主管部门的检查、监督和指导，要如实报告工作、反映情况。学年末，学校要向主管教育行政部门报告工作。重大问题应随时报告。

2022年1月，中共中央办公厅印发了《关于建立中小学校党组织领导的校长负责制的意见（试行）》。加强党对教育工作的全面领导是办好教育的根本保证。建立中小学校党组织领导的校长负责制，是坚持为党育人、为国育才，保证党的教育方针和党中央决策部署在中小学校得到贯彻落实的必然要求。《关于建立中小学校党组织领导的校长负责制的意见（试行）》提出："学校党组织实行集体领导和个人分工负责相结合的制度。凡属重大问题都要按照集体领导、民主集中、个别酝酿、会议决定的原则，由党组织会议集体讨论作出决定。党组织班子成员根据集体的决定和分工，切实履行职责。""学校党组织书记主持党组织全面工作，负责组织党组织重要活动，督促检查党组织决议贯彻落实，督促党组织班子成员履行职责、发挥作用。"

（二）特殊教育学校入学及学籍管理

特殊教育学校招收适合在校学习的义务教育阶段学龄残疾儿童、少年入学。招生范围由主管教育行政部门确定。学校实行秋季始业。学校应对入学残疾儿童、少年的残疾类别、原因、程度和身心发展状况等进行必要的了解和测评。特殊教育学校应坚持有利于教育教学和学生心理健康的原则确定教学班名额。

特殊教育学校对因病无法继续学习的学生（须具备县级以上医疗单位的证明）在报经主管教育行政部门批准后，准其休学。休学时间超过三个月，复学时学校可根据其实际情况并征求本人及其父母或其他监护人的意见后编入相应年级。特殊教育学校应接纳不适合继续在普通学校就读，申请转学的残疾儿童、少年，并根据其实际情况，将其编入相应年级。学校对因户籍变更申请转入，并经主管教育行政部门审核符合条件的残疾儿童、少年，应及时予以妥善安置，不得拒收。学校对招生范围以外的申请就学的残疾儿童、少年，经主管教育行政部门批准后，可准其借读，并可按有关规定收取借读费。

特殊教育学校对修完规定课程且成绩合格者，发给毕业证书，对不合格者发给结业证书；对已修满义务教育年限但未修完规定课程者，发给肄业证书；对未修满义务教育年限者，可视情况出具学业证明。学校一般不实行留级制度。

对学业能力提前达到更高年级程度的学生，特殊教育学校可准许其提前升入相应年级学习或者提前学习相应年级的有关课程。经考查能够在普通学校随班就读的学生，在经得本人、其父母或者其他监护人的同意后，应向主管教育行政部门申请转学。

特殊教育学校对品学兼优的学生应予表彰，对犯有错误的学生应给予帮助或批评教育，对极少数犯错严重的学生，可分别给予警告、严重警告和记过处分。学校一般不得开除义务教育阶段学龄学生。

特殊教育学校应防止未修满义务教育年限的学龄学生辍学，发现学生辍学，应立即向主管部门报告，配合有关部门依法使其复学。特殊教育学校的学籍管理办法由省级教育行政部门制定。

（三）特殊教育学校教学管理

特殊教育学校的主要任务是教育教学，其他各项工作应有利于教育教学工作的开展。学校的教育教学工作要面向全体学生，坚持因材施教，改进教育教学方法，充分发挥各类课程的整体功能，促进学生全面发展。

特殊教育学校应按照国家制定的特殊教育学校课程计划、教学大纲进行教育教学工作。学校使用的教材，须经省级以上教育行政部门审查通过；实验教材、乡土教材须经主管教育行政部门批准后方可使用。学校应根据学生的实际情况和特殊需要，采用不同的授课方法和多种教学组织形式。

特殊教育学校应当依照教育行政部门颁布的校历安排教育教学工作。特殊教育学校不得随意停课，若遇特殊情况必须停课的，一天以内的由校长决定，并报县级教育行政部门备案；一天以上的，应经县级人民政府批准。

特殊教育学校不得组织学生参加商业性的庆典、演出等活动，参加其他社会活动不应影响教育教学秩序和学校正常工作。

特殊教育学校要把德育工作放在重要位置，要结合学校和学生的实际情况开展德育工作，注重实效。学校的德育工作由校长负责，教职工参与，要做到组织落实、制度落实、内容落实、基地落实、时间落实；要与家庭教育、社会教育密切结合。

特殊教育学校对学生应坚持正面教育，注意保护学生的自信心、自尊心，不得讽刺挖苦、粗暴压服学生，严禁体罚和变相体罚学生。特殊教育学校要在每个教学班设置班主任，负责管理、指导班级工作。班主任要履行国家规定的班主任职责，加强同各科任课教师、学校其他人员和学生家长的联系，了解学生思想、品德、学业、身心康复等方面的情况，协调教育和康复工作。班主任每学期要根据学生的表现写出评语。

特殊教育学校要根据学生的实际情况有针对性地给学生布置巩固知识、发展技能和康复训练等方面的作业。

特殊教育学校应重视体育和美育工作。学校要结合学生实际，积极开展多种形式的体育活动，增强学生的体质。学校应保证学生每天不少于一小时的体育活动时间。学校要上好艺术类课程，注意培养学生的兴趣、爱好和特长，其他学科也要从本学科特点出发，发挥美育功能。美育要结合学生日常生活，如提出服饰、仪表、语言行为等方面的审美要求。

特殊教育学校要特别重视劳动教育、劳动技术教育和职业教育。学校要对低、中年级学生实施劳动教育，培养学生爱劳动、爱劳动人民、珍惜劳动成果的思想，培养学生从事自我服务、家务劳动和简单生产劳动的能力，使其养成良好的劳动习惯；要根据实际情况对高年级学生实施劳动技术教育和职业教育，提高学生的劳动、就业能力。学校劳动教育、劳动技术教育和职业教育应做到内容落实、师资落实、场地落实。学校要积极开展勤工俭学活动，办好校办产业；勤工俭学和校办产业的生产、服务活动要努力与劳动教育、劳动技术教育和职业教育相结合。学校参加勤工俭学活动，应以有利于学生的身心健康和发展为原则。

特殊教育学校要把学生的身心康复作为教育教学的重要内容，根据学生的残疾类别和程度，有针对性地进行康复训练，提高训练质量。要指导学生正确运用康复设备和器具。

特殊教育学校要重视学生的身心健康教育，培养学生良好的心理素质和卫生习惯，提高学生保护和合理使用自身残存功能的能力；适时、适度地进行青春期教育。

特殊教育学校应加强对活动课程和课外活动的指导，做到内容落实、指导教师落实、活动场地落实；要与普通学校、青少年校外教育机构和学生家庭相联系，组织开展有益活动，安排好学生的课余生活。学校组织学生参加竞赛、评奖活动，要执行教育行政部门的有关规定。

（四）特殊教育学校人员构成

特殊教育学校可按编制设校长、副校长、主任、教师和其他人员。特殊教育学校校长是学校的行政负责人，校长应具备符合国家规定的任职条件和岗位要求，履行国家规定的职责。校长由学校举办者或举办者的上级主管部门任命或聘任；副校长及教导主任等人员由校长提名，按有关规定权限和程序任命或聘任。由社会力量举办的特殊教育学校校长应报教育行政部门核准后，由校董会或学校举办者聘任。校长要加强对有关法律法规、教育理论的学习，要熟悉特殊教育业务，不断加强自身修养，提高管理水平，依法对学校实施管理。

特殊教育学校教师应具备国家规定的相应教师资格和任职条件，具有社会主义的人道主义精神，关心残疾学生，掌握特殊教育的专业知识和技能，遵守职业道德，完成教育教学工作，享受和履行法律规定的权利和义务。

特殊教育学校其他人员应具备相应的思想政治、业务素质，其具体任职条件、职责由教育行政部门或学校按照国家的有关规定确定。

特殊教育学校要根据国家有关规定实行教师聘任、职务制度，对教师和其他人员实行科学管理。

特殊教育学校要加强教师的思想政治、职业道德教育，重视教师和其他人员的业务培训和继续教育，积极为教师和其他人员的进修创造条件。教师和其他人员进修应根据学校工作需要，以在职、自学为主。

特殊教育学校应建立健全考核奖惩制度和业务考核档案，从德、能、勤、绩等方面全面、科学考核教师和其他人员工作，注意工作表现和实绩，并根据考核结果奖优罚劣。

三、特殊教育实施机构

特殊教育实施机构包括普通教育机构（包括特殊班、随班就读、资源教室）、特殊教育机构、送教上门和聋儿康复中心等公立机构，另外还有大量的民办训练机构等。

（一）普通教育机构

普通教育机构是实施特殊教育的主体，包括普通学校特殊教育班和随班就读两种形式。

1.特殊教育班

特殊教育班又称为辅读班或特殊班。一般是指普通中小学校、医疗康复机构、社会福利企业等举办的专门招收残疾儿童的特殊教育班级。特殊教育班的教师是受过特殊教育专业训练的专门教师，他们能根据残疾儿童不同的需要有针对性地进行教学和训练。残疾儿童除在特殊教育班学习外，根据需要有时还要和普通班的儿童一起参加某些活动，以提高他们的交往能力和社会适应能力。特殊教育班是普及残疾儿童义务教育的重要方式，它具有一次性投资较少，见效快的特点，不但减轻了家长的负担，而且学生也可以就近入学，不仅增加了残疾学生与普通学生接触的机会，也增加了普通儿童接纳特殊儿童的机会。

2.普通班级随班就读

随班就读是我国特殊教育界的一个专用名词，主要是指在普通学校的普通班中吸收1~2名特殊儿童与普通儿童一起学习和活动，教师则根据随班就读学生的特殊教育需要给予特别的教学和辅导。为了更好地保障残疾儿童随班就读的质量，相关教育部门可以选择同一学区内较优质、条件更加完善的普通学校作为定点学校，相对集中接收残疾儿童少年入学。

（二）特殊教育机构

特殊教育机构是指有计划、有组织地对特殊儿童进行系统教育的组织机构，一般是指由政府、企事业组织、社会团体、其他社会组织及公民个人依法设立的专门对特殊儿童、青少年实施教育的机构。特殊教育学校教育是使用一般的或经过特别设计的课程、教材、教法和教学组织形式及教学设备，对有特殊需要的儿童进行旨在达到一般和特殊培养目标的社会活动。特殊教育学校教育的目的和任务是最大限度地满足社会的要求和特殊儿童的教育需要，发展他们的潜能，补偿他们的缺陷，使他们增长知识、获得技能、完善人格，参与社会生活，增强社会适应能力，成为对社会有用的人才。

特殊教育学校对特殊儿童实行的是九年一贯的义务教育，但是随着特殊教育的发展，义务教育正在向"两头延伸"，即实现特殊教育向学前和高中阶段两头发展，扩大残疾人高等教育规模。目前已基本普及残疾人学前至高中阶段的教育。特殊教育机构涵盖了特殊幼儿园、特殊教育学校、残疾人高等特殊教育机构等，其中特殊教育学校主要有聋人学校、盲人学校、培智学校、自闭症儿童学校以及综合性特殊教育学校等。

2021年，《"十四五"特殊教育发展提升行动计划》提出"大力发展非义务教育阶段特殊教育"。同时，还提出"积极发展学前特殊教育，鼓励普通幼儿园接收具有接受普通教育能力的残疾儿童就近入园随班就读，推动特殊教育学校和有条件的儿童福利机构、残疾儿童康复机构普遍增设学前部或附设幼儿园，鼓励设置专门招收残疾儿童的特殊教育幼儿园（班），尽早为残疾儿童提供适宜的保育、教育、康复、干预服务。着力发展以职业教育为主的高中阶段特殊教育，支持普通中等职业学校和普通高中接收残疾学生随班就读。推动特殊教育学校增设职教部（班），鼓励普通中等职业学校增设特教部（班），到2025年实现每个市（地、州、盟）和有条件的县（市、区、旗）都有一个残疾人中等职教部（班），在每个省（自治区、直辖市）至少办好一所残疾人中等职业学校和盲、聋高中（部）。鼓励有条件的地区建立从幼儿园到高中全学段衔接的十五年一贯制特殊教育学校。稳步发展高等特殊教育，加强高校特殊教育学院建设，增设适合残疾学生就读的相关专业，完善残疾学生就读普通高校措施。支持普通高校、开放大学、成人高校等面向残疾人开展继续教育，畅通和完善残疾人终身学习通道"。

（三）其他实施特殊教育的机构

1. 聋儿康复中心

聋儿康复中心是"聋儿听力语言康复中心"的简称。我国聋儿康复中心包括国家级、省级和各市、县（区）的聋儿语训中心，目前已形成一个系统康复网络。聋儿康复中心也会开展聋儿的早期教育工作，对这些特殊儿童实施教育干预。

2. 儿童福利机构

有些儿童福利机构也接收一些特殊儿童，将他们组成特殊教育班级，对这些特殊儿童进行教育和训练。2021年，《"十四五"特殊教育发展提升行动计划》提出"保障儿童福利机构内具备接受教育能力的适龄残疾儿童接受中小学教育并纳入学籍管理，推动特殊教育学校在本地儿童福利机构设立特教班。"

第二节 特殊教育学校的制度建设

一、特殊教育学校制度的含义

特殊教育学校制度是指能够适应向知识社会转轨及知识社会形成以后的社会发展需要，以完善的学校法人制度和新型的政校关系为基础，以教育观为指导，学校依法民主、自主管理，能够促进学生、教职工、学校、学校所在社区的协调和可持续发展的一套完整的制度体系。构建一整套学校能依法自主办学，实行民主参与、科学管理、社会监督的重要制度，可以激发学校的办学活力，对促进学校内部及学校与社会和谐发展有着重大意义。学校的管理制度具有三种功能：一是指导功能。就是把那些具有前瞻性、引领性的教育教学思想和理念的"软性制度"注入"硬性制度"里面，使硬性的制度具有"思想的光芒"，具有"理性的价值"。二是服务功能。从管理的本质来看，管理就是服务，学校的制度管理尤其如此。学校作为教育场所，各种制度更应该体现"人本性""人文性"和"亲和性"。三是规范功能。学校制度中的"规范"包括两层意思，其一是制度的规范，其二是规范的制度。所谓"制度的规范"，就是说学校的各项制度要"健全"；所谓"规范的制度"，就是说在各种制度建立健全以后，还要做到"规范"。

从上述制度的含义及其功能可以看出，学校制度对于身处其中的教师会起到制约的作用，同时，学校的制度也会促进教师的发展，提高其素质。

建设一整套好的学校制度对于学校的发展至关重要，对于教师队伍建设意义重大。从教师队伍建设的角度来看，特殊教育学校的制度必须要"以人为中心"，要着眼于教师的长远发展和教师的素质提升，特别是要不断塑造和完善教师的职业人格，让社会的期待和教育的要求转化为教师的内在心理行为模式，要将制度作为教师发展的基本保障，只有这样，制度才能真正发挥作用。

二、特殊教育学校制度设计原则

通常情况下，特殊教育学校在制定和完善制度的过程中，重心会放在教育教学改革上，但实际上我们会发现，学校发展的关键其实在于人，必须解决好教师和学生的观念问题。基于这个观点，笔者认为特殊教育学校在制定和完善制度的过程中应该遵循以下三个原则。

（一）整体性原则

正如我们在教学时候强调的，教学活动之间是相关和递进的关系，所以要围绕教育目标组织学生学习。要发挥学校制度对教师的作用就应该从整体考虑。所谓整体性原则，就是制度设计的时候要将职业当作一个组织结构来看待，制度的安排要有利于这个结构中的每个维度，但同时又要在制度之间形成关联。比如，我们在设计教学制度、管理制度的时候激励教师针对特殊学生的问题行为进行研究，大胆尝试，但又要注意学生的安全，面对学生的问题时要保持自控力，面对学生问题长时间不能得到改善的情况要保持心态平和。在安全管理制度中，要求教师将学生的安全放在第一位，在确保安全的前提下开展教学。面对学生的安全问题，要坚持管理和教育相结合的原则，既要以平和的心态来看待学生的问题，又要想办法解决问题。这样的制度虽然属于两个维度，却是一个整体，会让教师在执行制度的过程中感觉学校的要求是统一的。

（二）稳定性原则

所谓稳定性原则，就是特殊教育学校所有的制度设计和安排要体现学校工作的主要目标和原则，所有制度都要围绕核心目标和原则来制定，并保持制度的稳定性。在特殊教育教师的职业人格结构中，教师的事业心水平整体较高，而奉献精神的整体水平相对较低，但在特殊教育的实践中我们发现，做好特殊教育工作需要强烈的奉献精神。要想培养这种人格特点，既需要通过不断提升教师的职业价值感来提升其内在的意识，也需要通过外部的奖惩系统来激励具有奉献精神的教师。事实上，奉献精神的形成需要长期的环境影响，而特殊教育学校在制定制度的时候，唯有让制度保持稳定性和一致性，才能让教师深刻体验到奉献的内涵和价值，这样也有助于教师形成奉献精神。

（三）个性化原则

特殊教育工作的一个重要特点就是差异化教学，要针对特殊儿童的差异开展教学，只有这样才能给予每个特殊孩子合适的教育。差异化教学既是特殊教育的特点，也是特殊教育工作相比于普通教育的难点。

在特殊教育中，学生之间存在个体间的差异，学生个体内部的发展又很不平衡，这些都会给特殊教育教师的工作带来困难，也会让他们在工作中形成很多不同的感受。所谓个性化的原则，不是要求学校制度针对每个教师的发展来量身定做，而是指要尊重特殊教育教师在工作中的独特感受，尊重他们工作的差异。

从理论上来说，进入特殊教育学校工作的教师在职业人格上与特殊教育工作之间有较高的匹配度。根据心理学研究，人格是赋予个体一定色彩的东西，是将一个人同周围其他人区分开来的标志，因为影响人格形成和发展的诸因素不可能相同，这也就决定了每个人都是独特的个体。虽然特殊教育教师与职业相匹配的人格特质具有共性，但教师之间会有个性特点差异，专业成长的速度和水平也会有所不同。比如，有的教师自控力非常好，心境也很平和，但效能感相对较低；有的教师事业心很强，具有奉献精神，但自控力相对较差，心境不够平和。这就要求学校在设计评价制度的时候，使用更多的评价维度和更丰富的评价手段。在日常的教学安排中，学校也要考虑教师的人格差异，在岗位安排、工作要求的设置上都要设置不同的要求。

在现实生活中较好地实现教育的个性化，对制度的制定者和执行者而言都有一定的难度，但我们只要把握好整体性原则和稳定性原则，学校的制度就能随着学校的发展逐渐形成前后连贯的体系，教师也能逐渐学习并适应这些制度。另外，关照特殊教育教师的个性化发展，是特殊教育工作特殊性的内在要求，相比于普通教育，这一点尤为重要，因此，学校领导在这方面一定要有清醒的认识。

三、特殊教育学校制度设计实践——以S启智学校为例

特殊教育教师与普通教育教师相比有着特殊的劳动特点和心理特点，在制定制度的时候既要考虑培育其职业人格的目标，又要考虑特殊教育学校的工作实际和教师的特点。在特殊教育学校的管理中，需要制定的制度类别繁多，数量众多，无法一一列举，加之每个学校的校情不同，制度的设计也会有差别。因此，本部分以S启智学校为例，说明如何贯彻特殊教育学校制度设计的原则。

S启智学校在拟定相关制度的时候，首先提出一个总体的设计，之后才是具体的操作方案，因为涉及的制度比较多，我们只以总的制度框架、评价制度的制定原则和其中比较有代表性的教师专业发展成长阶梯制度来举例分析。

S启智学校教职工考核标准制定原则如下。

①求实原则。根据不同岗位分门别类制定考核标准，对教师工作进行实事求是的评价，使之能反映教师的真实面貌。

②动变原则。应随着时间的推移和环境的变化对考核标准进行调整，用发展的眼光制定出在现在和将来一段时间内都有一定价值的标准。

③全面原则。从特殊教育工作的实际出发，既要确保基本任务的完成，又要体现良好的工作态度和业绩。

④以点带面原则。关注教师的发展点，通过优质的教学工作带动其他工作较好完成。

⑤定性与定量相结合原则。对于"硬"条件，尽量量化，通过可操作、可测量的标准进行客观评价；对于"软"条件，以教师自我总结和自评为基础，根据标准进行多级

评议，力求主观评议客观化、科学化。

⑥奖罚轻重有别原则。惩罚适用于发生在过程管理中情节较轻、涉及单一部门管理的工作。对于情节严重、造成恶劣影响的过错，根据相关规定处理；工作做得好的教师在每月行政例会和教师例会上进行表扬，在期末进行综合奖励。

⑦层层递进原则。强调教师的充分发展，对于优质工作的评价分为不同的级别，在评选时采取层层递进的方法，前一级评选的结果作为后一级评选的条件，体现真正的绩效管理。

⑧过程与结果并重原则。每个月都进行基本任务考核，当月公布结果；绩效工作以优质工作的成果和民主评议为依据，放入学期末进行总体评价和奖惩。

从以上 S 启智学校的评价体系可以看出，学校教师管理是为实现学校的目标服务的。学校在评价中既关注基本工作的要求，也关注教师的发展。从评价制度的总体结构来看，学校对教师发展的关注主要集中在三个方面：一是建立良好的秩序，让教师在一个有规矩的环境中成长，这对于教师形成自控力有帮助。二是关注教师的创造性工作和付出，让教师在完成基本的工作任务的同时，围绕学校的发展目标来承担一些具有开创性的工作，或教师在自己工作的岗位上深入钻研，这对于特殊教育学校的教师而言非常重要，不仅可以让教师在工作中找到更多的工作动力，提升教师的进取心和事业心，还可以有效促进教师的效能感提升。三是关注教师的持续发展，可以将培训机会、工作机会作为奖励，这样不仅能让教师获得更加积极的心态，还可以在学校营造一种积极向上的工作氛围，让每个教师更加关注工作本身的价值，从而提升教师的事业心和奉献精神，长此以往，也会促进教师养成平和的心态，让每个教师在学校的工作中体验到自己的价值。除了工作的基本要求和积极激励政策，该评价体系也列出了惩罚措施，这使得评价体系更加完整，也让学校的教师对工作有敬畏感，逐步从外在约束走向自控。

马斯洛认为人的需要是从低级向高级发展的过程，其中，生理需求、安全需求和社会交往需求属于低层次需要，可以借助工资收入、法律制度，以及工作的人际环境等外部条件得到满足；尊重需要和自我实现需要是高层次的需要，是通过自我内部调节得到满足的。同理，层层递进的原则可以让特殊教育教师在面对复杂的工作情境时，有机会不断体验到自己努力之后的成就感，这会不断激发教师的效能感，激励其进取心，从而不断克服工作中遇到的压力和挫折，让教师逐步体验并进入到自我实现的状态中，这一自我提升的状态，会有助于特殊教育教师更加清晰地感受特殊教育工作的价值和意义，也会使其更加客观、理性地看待工作中遇到的问题,从而以更加平和的心境来投入工作,不断解决工作中遇到的问题,提升事业心,培养奉献精神。

除上述原则能体现对特殊教育教师职业人格的培养,其他原则,比如"全面原则""过程与结果共重原则"等都对教师素质的提升,特别是对教师职业人格的发展和完善有导向作用。

制定制度时的原则对于制度具有指导作用,也具有约束作用,但管理者的意图是否能变成具体的制度条文,还需要在具体的制度制定和实施过程中去检验。

第三节 特殊教育学校的文化建设

学校管理是一种以人治事的活动。在学校中的"人"是有知识、有修养的教师群体,还包括正在成长中的学生,学校中的"事"就是教书育人。从这个意义上来说,学校的管理是学校管理者通过一定的机构和制度,采用一定的手段和方法,带领和引导师生员工,充分利用校内外的资源和条件,有效实现学校工作目标的组织活动。

一、特殊教育学校文化建设的思路

学校文化是学校在长期的发展中逐步实现的,具有实践性和独特性。学校文化的特性决定了文化建设的过程不能简单模仿,更不能一蹴而就,必须要将文化建设纳入学校发展的规划中,通过有意识的培育和扎扎实实的长期建设,才能最终形成并不断发展。

(一)传承和改造原有的文化

一所学校的惯例和教师、学生的行为方式,很大程度上是沿袭传统的。学校的传统从何而来?这就要追溯到学校的创始人。学校的创始人创建学校文化主要通过三个途径:一是招聘和留用与自己有一致想法和感受的教师;二是对教师进行持续的思维方式和感受的灌输;三是学校创建者将自己作为榜样,鼓励教师认同他所提出的信念、价值观，并使这些观念内化为教师的想法。

文化是包括知识、信仰、艺术、道德、法律、习俗和任何人作为一名社会成员而获得的能力和习惯在内的复杂整体，文化的本质就是人的自我生命的存在及其活动，文化世界的本体就是人的自我的生命存在。学校的文化一旦形成，就会成为一种巨大的惯性力量，总是以"传统"或"习惯"的形式来影响教师和学生的行为取向。因此，学校文化的创建既要注重对优良传统的继承，又要注意对其进行积极的改造。不同学校有不同的文化，不同的时代和地域也会有不一样的文化，从这个意义上讲，文化具有地域性和时代性，是一个动态的概念。特殊教育学校作为教育体系的重要组成部分，由于其自身的特殊性，文化上也会有其特殊性。特殊教育学校文化的内涵就是高举人文旗帜、弘扬人文精神、实践人文关怀。学校的管理者在进行文化的传承和改造时，同样要注意甄别、取舍，将符合特殊教育规律、符合学校实际、符合时代潮流的价值观念传承下去，再基于时代发展的要求和学校发展所具备的条件进行创新。

基于以上分析，笔者认为，在特殊教育学校文化的传承和发展中，要注意将有助于特殊教育教师良好人格养成、有助于教师持续发展的文化发扬光大，对于那些不利于教师提升个人价值的一些观念要及时摒弃。当然，在文化的传承中，还要注意将那些寓意深刻、具有价值的文化保护和传承下去。

（二）整合文化要素，创建学校文化

基于对组织文化的研究，学校文化可以被看作一所学校所有的信念、情感、行为以及象征，具体来说就是指学校内部共享的哲学理念、意识形态、信念、情感、假设、期待、态度、规范和价值观等。学校文化是在长期的教育实践中积淀和创造出来的，并且是其成员认同和遵循的价值观念体系、行为规范准则和物化环境风貌的一种整合，是一所学校的"综合个性"。从文化的定义我们可以看出，文化包含了诸多因素，从系统论的观点看，学校文化是一个由众多要素有机结合而成的整体。任何一种学校文化，都是对文化的各种构成要素及其相互关系和应有的功能进行整合的结果。

在文化的要素上，普通学校和特殊教育学校之间并无显著的差异，但在要素的具体内容上，特殊教育学校的文化要素却有其自身特点。综合学者的研究，笔者认为，特殊教育学校在文化要素方面主要包含价值观、规范、态度、行为及感受。在整合这些因素创建学校文化时，要注意把握各个要素的特殊性。在以上要素的整合过程中，要将提升教师的专业精神作为整合的核心目标，要通过整合创建文化的过程，培养特殊教育教师的事业心、奉献精神、进取心、效能感、自控力、同情心。

（三）创造和传播学校文化

学校的外在是物质的，但实质是精神的。学校的实质蕴含在学校的文化中。学校的文化是由学校里的人创造出来的。学校的教职工和学生共同创造了文化，他们又被这种文化所包围，每个教职工和学生的言行都受文化的影响，但每个人又是学校文化的载体，每个人在承载这种文化的过程中不断创造学校的文化。校长是学校文化建设的关键人物，校长作为学校的法定代表人，作为学校发展的引领者、组织者，他的理念、价值观、行为准则都会渗透到学校管理的方方面面。从某种意义上来说，学校的文化其实就是校长的教育理想、行为方式的综合体现。

学校文化的核心体现在教职工群体的价值观念、道德准则和行为方式上，所以，教职工是学校文化建设的主力军，也是文化建设的载体，只有广大教职工的思想觉悟、文化素养、伦理道德、集体意识等整体提高，才能创造和发展学校文化。

在特殊教育学校，教职工也是文化建设的主力军和载体。与普通学校不同的是，特殊教育学校的教师在学校文化创建的过程中，首先要应对工作对象带来的教育困难和教育对象身心障碍导致的成就感低下等情况。面对工作的特殊性带来的限制，特殊教育学校教职工在文化建设中首先要学会自我建设，以应对工作中出现的问题，在此基础上再来理解学校文化，以及特殊教育工作本身的社会价值。因此，在特殊教育学校，校长如何确立正确的特殊教育观、如何建立对教师专业发展的正确认识，对于学校文化的建设起着关键的作用。教职工作为文化建设的主体，是社会和时代对特殊儿童认知观念的消化者，是一个时代对人类社会平等互助精神的表达者。特殊教育学校的教职工在工作中认识特殊儿童，理解特殊儿童，发扬包容、理解、支持的精神，也传播和表达这种精神，并促进社会的和谐与文明。

二、特殊教育学校文化建设的内容

学校文化的本质在于引导学校中的教师和学生的发展。恩格斯曾说过,在一切方法的背后,如果没有一种生机勃勃的精神,到头来不过是一堆笨拙的工具。特殊教育学校需要管理的方法作为支撑,但相比于普通学校,精神的力量更为关键。只有全体教职工有共同的价值追求,且这些价值观是契合特殊教育的特点的,能帮助每个教师正确看待特殊儿童,能在精神上获得积极的支持,特殊教育教师才能积极面对工作中遇到的问题,在工作中实现人生价值,获得成功。

根据学者的研究,学校文化是一个由三个同心圆组成的整体。外层是学校的物质文化,属于学校文化的表象层,包括校园建筑、校容、校貌、环境文化和教育教学设备等,是学校教育教学活动的物质基础。中层是学校的规范文化,属于学校文化的制度层,它包括学校管理体制、组织机构,规章、制度,课程、教材,以及人际关系的模式等,是学校履行育人职能的制度保证。内层是学校的精神文化、是学校文化的观念层,它包括办学指导思想,教师的教育观、道德观,学生的价值观、思维方式,校风等,是学校文化的内核和灵魂,是学校组织发展的精神动力。

特殊教育学校的文化建设在内容上也包含这三类,即物质文化、制度文化和精神文化。

(一) 物质文化层面注重科学

在特殊教育学校,由于特殊儿童的学习需要大量的体验,校园环境就显得特别重要。校园环境不仅是学校的外在形象,更是教育的载体,有人将校园环境称为"第二教师队伍",被认为是一种"隐性课程"。既然校园环境是学校课程的一部分,那么特殊教育学校的物质文化建设就要考虑是否符合特殊儿童的特点。

笔者认为物质文化的建设总体要坚持科学性原则,所谓科学性,就是要基于特殊儿童的心理特点和发展水平来建设环境,要让每个具体的场景和整个校园环境都符合特殊教育的规律。比如,教室的大小、颜色都要考虑特殊儿童的特点,听障儿童需要丰富的色彩和有序的环境,智障孩子在空间上要求更高。特殊教育学校在色彩上要有主次,在物品的存放上要有更多标识。在教学设施设备的配备上,要根据不同障碍类别学生的课程来设计和购置。启明学校要建设专门的盲文图书馆，要建设专门的音乐教室，教室里要配备收音机和录音机；启聪学校要建设律动室；启智学校要建设一些康复类场所。当然，特殊教育学校的物质环境是一个整体性概念，大到校园的整体布局和校舍的设计，小到一个标识的设计，但无论在哪个环节，学校管理者都要注意最核心的是注重科学，要符合特殊儿童的身心特点，特殊教育学校如果看上去与普通学校没有什么两样，就说明管理者要么没有真正了解特殊学生，要么就是心里没有特殊学生。

学校的物质环境之所以能称为文化，是因为其承载了一定的价值观念，表达着一定理念，所以在特殊教育学校的校园物质文化建设中，除要准确把握特殊儿童的身心特点和发展规律外，还要注重美观，要通过环境让教师和学生既感到赏心悦目，又觉得整体环境有序、高效，能让身处其中的教职工在每日忙碌的工作中放松心情，不会感到压抑，这对于特殊教育教师职业人格的养成也很重要。

（二）制度文化层面注重人文

良好的学校文化行为要与管理制度相结合。在学校文化由浅层向深层、由外化向内化的过程中，规章制度既是一种载体，又是一种力量。在学校的规章制度中，包含着学校管理者和广大教职工共同的观念和价值追求。正如前文所述，规章制度既是对教师教育行为和校园生存方式的一种规约，同时又具有一种关爱和支持的功能。在特殊教育学校进行制度建设，并使其成为一种文化，笔者认为最核心的是要有人文关怀，不能让制度变成冰冷的要求和规矩。因此，要特别注意以下几点。

第一，对特殊教育教师提出的要求一定要符合特殊教育的基本规律，要从特殊教育教师工作的实际出发，提出既合理，又切实可行的要求，只有符合特殊教育的实际，才能得到教师的拥护，也才能充分发挥文化的影响力。

第二，特殊教育学校的制度既要具有管理功能，有助于实现学校基本目标、完成常规任务，还要注意制度本身应具有教育性。所谓教育性，就是指要有潜移默化的引导作用，每一项制度的内容和要求都要符合学校的教育理念，从教育的目的出发，有针对性地对师生和员工进行教育。

第三，特殊教育学校的制度要有稳定性和延续性，要让制度能持续对教师的教育行为和人格完善产生影响。特殊教育学校的发展要回应时代的诉求，要与时俱进，但要注意的是制度不能朝令夕改，要充分考虑特殊教育周期性长的特点，而教师的人格培育也需要持续的影响，所以在制度的设计和实施上都要坚持以人文精神为底色，以促进教师人格的完善为目标的准则。

（三）精神文化层面注重心理

北京师范大学教授林崇德认为，学校精神就是学校群体在长期的教育、教学实践中积淀下来的共同的心理和行为中体现出来的群体心理定式和心理特征。从这一定义出发，笔者认为特殊教育学校精神文化的建设要注重教师心理的建设。这里的心理建设是一个笼统的概念。我们知道，个体的行为是由其观念支配的，而个体的观念是长期与社会环境互动以及在接受教育的过程中逐渐发展起来的。个体的人格是个体观念的总和。我们在学校建设校园文化的目的就是要形成师生员工所认同和遵循的文化传统、价值观念和行为习惯。在校园文化要实现的目标中，最重要的是让每个教职员工都具有良好的外在行为。因此，特殊教育学校在精神文化建设方面要将建立和发展教师的职业人格作为核心目标，在职业人格的培养中将学校的价值观融入进去，这样，特殊教育学校的教师将会在学校文化的熏陶下，形成共同的价值观念，建立共同的行为准则，而最重要的是每个特殊教育教师都能将这些观念和准则吸收和内化。这对于特殊教育教师应对工作中的困难、解决工作中的问题会起到积极的促进作用。

三、特殊教育学校文化建设的策略

特殊教育学校的文化建设是一个持续的过程，管理者要根据特殊教育本身的特殊性选择相应的策略来推动校园文化的建设。在具体策略的选择方面可分为维持学校文化的策略和发展学校文化的策略。

（一）维持特殊教育学校文化的策略

特殊教育学校的文化一旦形成，就需要让其传承和发展下去。特殊教育学校在我国的发展时间比较短，很多学校的历史都不长。学校要将初步形成的文化传承下去，笔者认为，要把握以下几个要点。一是在工作中渗透学校文化，要在教师的工作中渗透学校的价值观和行为准则；二是要通过一些交往活动来帮助教师理解和把握学校的文化，比如，通过同特殊教育兄弟学校之间的交流活动，来增加认同感和心理支持，通过与普通教育学校的交往，来体验特殊教育与普通教育的差异，增强教师的角色感；三是要通过评价来及时反馈，让教师体验到价值感和成就感，同时也能发现问题，形成自我反思。

具体来说，可以采用以下策略。

第一，在人事管理中注重选拔和留用更容易接受学校文化、更容易对学校文化提出建设意见的人。特殊教育学校在选聘人员的时候，一定要提出明确的用人标准，也就是具有特殊教育职业人格特质的人，这样的标准会让应聘者判断自己是否满足学校的要求、是否适合从事特殊教育工作，学校也会通过测评来作出判断。通过这个过程，那些容易接受学校文化、适合特殊教育的教师就会被选拔进来，而这些教师将会成为学校文化的积极推动者。

第二，在管理过程中渗透学校的价值观，落实行为准则。学校管理层要在学校的各项工作的组织和落实中，有意识地渗透校长的管理理念，并用行动身体力行，为教师做出榜样，让教师看到学校希望教师能有进取心，而学校的领导就是最有进取心的群体，学校希望教师能关爱特殊孩子，学校领导在膳食的安排、卫生条件的改善等方面总是能考虑得细致入微，这些都将成为维持学校文化的有效途径。

第三，在学校管理中要注意针对每个教师的特点和需求进行有针对性的教育和帮扶。学校管理人员要充分认识到特殊教育学校的教师要想很好地完成他们的使命，就必须要成长。这就要求学校管理层在不同的阶段，在不同的事件中对教师给予关心和帮助，以及心理上的引导，让他们不仅能尽快适应工作，还要让他们成为学校文化的推动者，让学校文化枝繁叶茂。

（二）发展特殊教育学校文化的策略

特殊教育学校的文化一旦形成就具有稳定性，但也不是一成不变的。对于一所成熟的学校来说，保持学校文化与社会和谐相处、同步发展是非常重要的。在知识经济和大数据时代，特殊教育学校文化也要与时俱进，不断发展。

1.学校要倡导学习的理念

特殊教育教师的发展需要学习，特殊教育教师人格素质的培养和完善更需要不断学习。心理学研究表明，意识与自我意识是生命之魂，是人自主发展的力量。当人的发展达到较清晰的自我意识和达到自我控制的水平时，人能有目的地、自觉地控制自己的发展。心理学研究表明，个体的发展是一个与环境交互的过程，个体良好人格的形成需要个体主动塑造自我。主动发展的能量就来自于学习，只有主动、持续的学习才能让特殊教育教师更客观、更理性地认识特殊教育工作的性质，才能更好地把握特殊教育工作的规律，才能更好体验到工作的成就感，才能有更好的心境。

2.学校要构建共同的愿景

特殊教育学校的教师内心是强大的，但很多时候又是极其脆弱的。特殊教育教师的这种看似矛盾的状态是有社会原因的。在如何看待特殊教育的存在的问题上，在现代社会中依然存在着"慈善"观的文化取向。"慈善"从社会心理的角度看是一种同情，这是人类道德的情感基石，有其积极的意义，但如果仅仅从"慈善"的层面来看待特殊教育，就会伴随"怜悯""施舍"，甚至会有强者对弱者的俯视。这些社会上存在的不正确观念折射到特殊教育的工作场景中，会影响特殊教育教师对自身工作价值的理解和认识。

要想让特殊教育学校的教师拥有更多的力量和勇气来面对工作中的困难、面对世俗社会的压力，甚至工作中的不公，就需要用共同的愿景来唤起教师教学的热情。要建立真正的愿景，就要鼓励教师建立个人愿景，学校共同愿景只有建立在教师个人愿景之上才能有强大的动力。学校要尽力满足每个特殊学生的需要，将促进每个特殊学生的发展作为学校办学的核心理念。学校管理层还要注意不断塑造学校的形象，要有意识、有计划、有步骤地打造学校形象，用学校的良好形象来增强特殊教育工作者对特殊教育和学校的认同及归属感，增强心理安全感，也增强对工作的效能感。

特殊教育学校文化的发展需要每个教职工的参与，但文化的生成不能在日复一日的工作中完成，需要有合适的载体。特殊教育学校需要基于核心的价值和行为准则来设计一些针对不同群体和个体的发展平台，让教师在完成基本工作的同时，体验到成长的乐趣，并能够在成长中感受和认同学校文化。

第五章　特殊教育教师培养及专业化发展

第一节　特殊教育教师的作用及素质要求

一、特殊教育教师的作用

（一）特殊教育教师对社会发展的作用

1.保障和实现特殊儿童受教育权

承认并以法律形式保障特殊儿童的受教育权，是一个国家文明程度和法治化程度的重要标志之一。将法律条文上的权利变为特殊儿童真正得到的实际权利，离不开从事特殊教育工作的教师。正是特殊教育教师使原本失学的特殊儿童，特别是使那些处在不利的经济文化环境中的，或者残疾程度严重的特殊儿童接受适当的教育，使平等教育的观念得以贯彻和落实。同时，特殊教育教师还能对各种损害特殊儿童权益的现象进行抵制，代表特殊儿童维护其应有的权益。特殊教育事业也是一项人道主义事业。特殊教育教师通过自己的工作把党和政府的关怀以及全社会的关爱传递给特殊学生，让他们切身感受到自己生活在充满温暖的社会主义大家庭中。

2.传播人类文明，促进社会进步

特殊教育教师通过教育教学活动将人们发现和创造的科学成果传授给一批又一批特殊学生，使他们也能掌握并将其转化为自身的知识。特殊教育可以使特殊学生的潜能不断得到挖掘，自信心不断得到增强，从而成为可以为社会作贡献的劳动者，成为人类文明的创造者，这对于促进我们的社会进步的意义非同小可。我国数千万的残疾人是一个不容忽视的社会群体，残疾人自身不利的条件使他们处于社会弱势群体的地位，如果不接受特殊教育和训练，他们就不能充分发挥自身的价值。试想，一个文盲的残疾人，不能为社会做太多事情，甚至还要依赖社会的救济，那么他的社会价值就不能充分体现，从某种意义上讲，他还处于一个自然人的状态。特殊教育所起的重要作用之一，就是把残疾人培养成能促进国家繁荣、社会进步，体现出自身社会价值的社会人，从而将残疾人这一庞大的群体转化成巨大的人力资源，使其成为社会文明的建设者。

3.缓解社会压力，有利于社会稳定

特殊儿童的出现，对社会，更主要的是对他们的家庭来说是一种压力。这种压力不仅是教育上、经济上的，更主要的是精神上的。我国上千万各类特殊儿童至少涉及几百万个家庭，而且一个有特殊儿童的家庭会影响到好几个家庭及其所有成员的心态。面对特殊儿童，父母要考虑抚养、教育、工作、生活等一系列问题，这些问题对家长来说都是难题。例如，我国有学者调查研究聋生父母的压力问题发现，所有聋生的父母都反映因孩子耳聋而深感压力。直接对聋生父母造成压力的事件包括孩子的学习、孩子的身体、孩子的将来、孩子的社会地位、公众对孩子的态度等。调查还发现，身负压力的特殊儿童家长缺少正常家庭那种为人父母的欢乐。由此可见，特殊儿童的教育、康复问题若得不到解决，将使数以百万计的家庭面临困境，从而成为波及面很大的社会问题。通过以上分析可以看出，特殊教育教师从事的特殊教育工作是一项福在儿童、利在家庭、功在社会的大事，也是缓解家庭和社会的压力、利于社会稳定的善事。

（二）特殊教育教师对特殊学生发展的作用

在特殊学生的成长过程中，特殊教育教师同样发挥着巨大的作用。这些作用也可以概括为以下三点。

1.特殊教育教师是特殊学生生活道路的引导者

初入学校的年幼特殊儿童还是一群天真无邪的孩子，在学校的十几年间，他们将在教师的教育中逐渐成长，明白应该做对社会有用的人的道理，并从教师的一言一行中学习怎样做人。例如，当有进步时会看到教师赞许的目光；有了过错，教师会循循善诱地开导；出现困难，教师会倾力相助。正是从教师的言传身教中，特殊学生懂得了什么是人间的真、善、美。特别是在培养特殊学生树立自尊、自强、自信、自立的信念，走上正确的人生道路方面，特殊教育教师是特殊学生的指路人。

一位后天失明的盲童曾这样写下他的痛苦心情："我来到离别数载的大海，竭力把久已失去光彩的眼睛睁得很大很大，想再看一眼梦牵魂绕的大海，想再一次追忆那逝去的年华。就这样很久很久，到眼里涌出海水般苦涩的泪花。我走近几步慢慢蹲下，捧起被海岸击碎的朵朵浪花，这浪花分明就是我，我分明就是它。"失明给儿童心灵造成的创伤由此可见。而且当受到外界不公正的待遇时，他们内心的伤痛会进一步加剧，甚至会失去生活的信心和勇气。所以，特殊教育教师担负着抚平特殊儿童心灵上的创伤，唤起他们热爱生活、追求幸福的信念的责任，使他们从失望、痛苦中解脱出来。海伦·凯勒也曾这样赞誉她的教师："我的老师与我相亲相爱，密不可分，我永远也分不清，我对所有美好事物的喜爱，有多少是我内心固有的，有多少是她赐予我的。她已经成为我生活的一部分，我是沿着她的足迹前进的。我生命中所有美好的东西都属于她，我的才能、抱负和欢乐，无不由她的爱点化而成。"

2.特殊教育教师是特殊学生身心缺陷的康复者

一位美国特殊教育专家说过这样一句话——医学的终结就是教育的开始。意思是对残疾人来说，医学无能为力之日，就是教育发挥作用之时。这句话是有一定道理的。现在，特殊教育是全方位的，不同的特殊教育教师都在针对不同类别、不同程度特殊学生的不同缺陷研究和总结教育训练的策略和方法。接受过特殊教育的学生在各个方面都可以获得不同程度的提高，其中一些人能够达到或基本达到与普通学生相似的水平。教育训练的康复效果是非常好的。教育康复已成为康复的主要途径之一。因此，特殊教育教师不仅扮演着传道、授业、解惑的教师角色，同时也是特殊儿童言语矫正、定向行走职业治疗的训练者。

3.特殊教育教师是特殊学生知识和能力的培养者

特殊学生比普通学生更难通过正常途径获得知识。在现代社会，缺乏知识和能力是无法充分参与社会生活的。科学家培根说"知识就是力量"，对特殊学生来说，知识就是他们自立于社会的力量。这关系到特殊学生前途和命运的力量，主要是特殊教育教师给予学生的。特殊教育教师殚精竭虑，克服重重困难，给特殊学生传授知识，培养其能力。如果说自尊、自强、自信、自立是特殊学生生活航船的风帆，知识和能力是驾驶航船的双桨，那么，特殊教育教师不但能帮助特殊学生将风帆升起，而且帮助他们摇起了双桨，使他们能够驾驶航船在社会生活的大海里破浪远行。

二、特殊教育教师的素质要求

（一）良好的思想品德

教育作为育人的活动有着鲜明的阶级性、方向性、目标性。作为育人者，拥有良好的思想品德是核心条件。《中华人民共和国教育法》第三十三条规定："教师享有法律规定的权利，履行法律规定的义务，忠诚于人民的教育事业。"《中华人民共和国教师法》第八条规定，教师应当履行的义务包括遵守宪法、法律和职业道德，为人师表；贯彻国家的教育方针，遵守规章制度，执行学校的教学计划，履行教师聘约，完成教育教学工作任务；对学生进行宪法所确定的基本原则的教育和爱国主义、民族团结的教育，法制教育以及思想品德、文化、科学技术教育，组织、带领学生开展有益的社会活动；关心、爱护全体学生，尊重学生人格，促进学生在品德、智力、体质等方面全面发展；不断提高思想政治觉悟和教育教学业务水平。

对于特殊教育教师，《残疾人教育条例》专门提出："从事残疾人教育的教师，应当热爱残疾人教育事业，具有社会主义的人道主义精神，尊重和关爱残疾学生，并掌握残疾人教育的专业知识和技能。"

可见，要想成为特殊教育的教师，不仅需要具备一般教师应该具备的思想品德条件，还要具备对特殊学生有爱心，对残疾人教育事业热爱等品质。

（二）正确的教育观念

特殊教育的对象有缺陷和障碍，但是特殊教育工作不能有缺陷和障碍，特殊教育教师的教育观念也不应该有缺陷和障碍。当然，正确的教育思想观念的形成需要一个过程，需要教师不断学习。

特殊教育的教育观应该是平等、全面的，即给所有特殊学生提供平等的受教育的权利和机会，面向全体特殊学生，正像有的特殊教育学校将"一切为了残疾孩子，为了一切残疾孩子，为了残疾孩子的一切"作为工作宗旨那样，教育不漏掉任何一个特殊学生，不放弃任何一个学生，要发挥特殊教育的育人和康复的整体功能。

特殊教育的教学观应该是以特殊学生为主体的。教学活动应该以学生的"学"为中心，通过教师的"教"使学生学会学习，建立师生合作、互动、和谐的教学环境；教学活动还应该是多层次、有差异的，从而满足不同程度特殊学生的需要。

特殊教育的学生观应该是平等的、发展的和承认差异的。特殊学生身心虽有缺陷或障碍，但他们的人格必须受到尊重，教师应该平等地对待每一个学生。发展是要发展包括特殊学生在内的所有儿童的天性，教育要承认、尊重和开发每个学生的潜能，促进他们的发展。不同国家和地区对特殊教育教师的任职条件要求不尽相同。发达国家和地区对特殊教育教师的学历要求普遍是大学本科，并修满几十学分的特殊教育课程，有的还要求有一定年限的教育工作经历。从事特殊教育工作不仅要具备普通教育教师的一般条件，还要满足普通教育教师不具备的专门条件的要求，这体现了对特殊教育教师的特别认可和尊重。

（三）扎实的教学能力

教学能力是反映和衡量教师素质高低的主要标志之一。做一个合格的特殊教育教师需要有广博的知识、过硬的教育教学能力和终身学习的自觉性。特殊教育多学科交叉的特点决定了特殊教育教师应该具有复合型的知识结构和运用并传授这些知识的教育教学能力。下面以美国对特殊教育教师提出的知识和技能结构为例分析特殊教育教师应具备的教学能力。

美国对所有特殊教育教师提出了共同的核心性知识与技能性要求，并分别对从事幼儿早期特殊教育、聋或重听特殊教育、情绪和行为障碍特殊教育、学习障碍特殊教育、智力落后和发展性障碍特殊教育、视觉障碍特殊教育、肢体和健康障碍特殊教育、超常或高天资特殊教育的教师提出了专门性知识和技能方面的要求，对每一类特殊教育教师的要求内容都不同。无论是共同要求还是专门要求，都包括以下八个方面的内容。

一是特殊教育的哲学、历史和法律基础。要求教师能从历史沿革的角度了解和阐述特殊教育，特别是自己从事的特殊教育领域的基本理论；知道并能执行与特殊教育有关的法律法规和政策；清楚本专业领域的基本概念和基本情况；清楚为特殊教育对象提供的教育安置体系和其他服务体系。

二是学习者的特征。要求教师要全面了解学生，其中包括教师必须知道和掌握学生的缺陷情况、心理活动特点和所需要的专门帮助。例如，学生的致残原因、缺陷给学生及其家庭在教育、心理、职业安置、个人生活等方面带来的影响。

三是评估、诊断和评价。要求教师掌握评估、诊断、评价所教学生的工具和内容，并且要遵守公正评估和正确利用评估、诊断结果的道德规范和法律规定。

四是教学内容和实践。这方面提出的要求最多，在众多要求中要坚持一个基本原则，即教学要根据特殊学生的特点，满足其各方面需要。包括要从学生的实际出发制订教学计划、选择教材、选择教学方法、确定教学时间、安排医疗护理等。

五是教与学环境的设计和管理。这既强调设计和管理教的环境，也强调设计和管理学的环境。教师要具有较强的动手能力，不仅会利用现成的教学环境，还要会自己动手设计、改造和布置环境；要有根据实际情况变通的灵活性，不提倡特殊教育的教学环境、内容、方法千篇一律、长期不变；要有教不同类型特殊学生所需要的专门知识和技能。

六是学生行为和社会交往技能的管理。要求教师懂得与学生行为管理有关的法律、规则和伦理学基本理论，懂得身体缺陷对行为产生的影响。教师要注意环境在培养特殊学生个人行为和社会交往能力中的作用，强调对学生行为实施集中式的干预，尽量采取因人而异的管理方式。教师要明白行为管理的目的是增强特殊学生的自信心和能力。

七是交往与伙伴合作关系。要求特殊教育教师有较强的社交能力，运用合作的策略与学生、家长、同行以及其他专业人员进行沟通与合作。在交往和合作伙伴关系中，特殊教育教师应起到建设性作用、咨询作用、参与作用。教师必须会利用社会服务部门、网络、团体的资源，发挥社会上的各种资源在特殊教育工作中的作用，将特殊教育某一领域的工作与整个特殊教育和整个社会联系起来。

八是职业特征与道德规范。特殊教育教师要遵守职业规范，例如，对文化、民族背景、性别不同的学生无歧视性；在职业实践中进行客观的评判；以道德的方式使用已获得版权的教育资料等。

根据我国特殊教育的实际情况，特殊教育教师还需要具备以下这些能力。

1.教学组织能力

教学是特殊教育学校的中心工作，所以教学组织能力是特殊教育教师最基本也是最重要的业务能力。教学组织能力包括课堂教学的组织能力、班集体的组织能力、各类活动的组织能力。受身心障碍的影响，特殊学生学习动机的激发、注意力的集中和保持、学习进程的调控比起普通学生要困难得多，加之特殊学生容易出现突发性的异常行为，组织教学的难度相应加大。这就需要特殊教育教师具备管控教学活动的本领和较强的应变能力。

借鉴国外对特殊教育教师的要求，教师的教学组织能力还应该包括协作能力、宣传发动能力等。促进特殊学生的成长，补偿他们的缺陷，教师单枪匹马是做不到的，要靠学校全体教职工、家长以及社会各方面人员的共同努力。因此，特殊教育教师应该有团结协作、宣传发动的能力，争取方方面面的配合与支持。

2.动手能力

要想培养特殊学生的动手实践能力，教师首先必须要有较强的动手实践能力。特殊教育教师要能够制作简易甚至比较复杂的教具、学具。在这方面，德国特殊教育学校的教师非常重视自身动手能力的培养，不用单纯地等、靠、要，他们能够根据教学内容和特殊学生学习的需要自己设计、自己选材、自己加工和制作教具和学具，解决教学中的难题。当前计算机正在特殊教育领域迅速普及，国家要求教师能比较熟练地使用计算机，掌握现代化教学手段并能恰当地应用于教学过程，这成为特殊教育教师的一项必备能力。事实说明，凡是创造和动手能力强的教师，其教学过程也比较生动、有趣，特殊学生参与学习活动的主动性和积极性也较高，收到的教学效果也更好。

3.表达能力

表达能力是教师的基本功，它包括语言表达能力（口语的、书面语的）和非语言表达能力（手语的、姿势表情的）。教学过程中教师的主导作用是借助于表达而体现出来的。对特殊教育教师来说，其表达能力非但不能因学生有缺陷而降低水准，相反，要求应该更高、更严格。因为特殊学生主要通过教师的讲解来学习知识，教师如果表达不准确、不规范，特殊学生就无法了解正确的概念。因此，特殊教育教师语言表达要规范、准确、清晰、生动、形象、富于启发性，速度要适中；盲校教师需要具备熟练的书写和阅读盲文的能力；聋校教师需要具备形象的、富有表现力的手语表达能力和流畅翻译的能力。

4.从事教育教学研究的能力

目前，特殊教育正在向现代化的方向发展，现代化的特殊教育需要现代化的教师。现代化的特殊教育教师应该是科研型的教师，能够自觉运用辩证唯物主义和历史唯物主义的观点，用科学的教育理论指导自己的教育教学工作，研究教育中出现的各种问题，认识和总结特殊学生和特殊教育的规律及特点，从而有所发现、有所发明、有所创造、有所提高。从某种意义上说，特殊教育教师科研素质的提高，对特殊教育事业的发展将起到关键性作用。

5.终身学习的自觉性和能力

现代化的特殊教育教师还应该是具有终身学习自觉性和能力的教师。现代化的社会新学科、新知识、新技术层出不穷，对人的素质的要求不断提高。特殊教育教师要培养适应社会发展的特殊学生，自己首先必须不断学习，不断提高自己的能力，跟上时代和社会发展的步伐。要做到这一点，教师就需要有终身学习的自觉性。一位特殊教育教师曾说过，做教师是一时的，做学生是永远的。

（四）良好的心理素质

良好的心理素质是指特殊教育教师在工作过程中要保持健康的心理品质和情绪状态。面对各种残疾缺陷的儿童，教师能否保持健康的心理状态与教育教学能否顺利开展有直接关系。特殊教育教师的良好心理素质是一个整体，其中需要强调以下两点。

1.教师要有较多的兴趣和爱好

教师的兴趣和爱好一方面表现在工作之中，对工作有兴趣、有爱好会转化为行为的动机，从而使教师乐于钻研教育教学问题；另一方面表现在工作之外，即教师要有多方面的涉猎，知识面广。这对教师丰富教育教学内容、提高教育教学质量大有裨益。例如，有的教师爱好集邮，就利用邮票题材广泛、形象直观、展示方便的特点结合课程内容让特殊学生观赏邮票，使学生获得直观印象，能比较容易地理解教材。有的教师喜欢篮球运动，就将篮球比赛的成绩引入数学课的分数教学。这些做法很自然地把课堂与生活联系起来，学生在学习和运用知识的同时还被教师的兴趣爱好所感染，渐渐培养起自己的兴趣爱好，这对特殊学生的健康成长十分有利。

2.教师要有比较平和与稳定的情绪

特殊教育教师都有这样的体会：容易烦，容易急，容易有失落感。特别是教智力残疾和多重残疾的学生时更容易有这样的心理体验。特殊学生学得慢、忘得快，不良行为习惯矫正起来比较困难。在同样的教学时间内，特殊教育教师付出的努力要比普通教师多得多，而得到的教学成果却比普通教师少得多。普通教师都会有教学相长的喜悦，而特殊教育教师常常有"事倍功半"的烦恼。换句话说，特殊教育教师辛勤的汗水经常得到的不是收获，而是挫折。因此，作为一名特殊教育教师特别需要平和与稳定的情绪，面对工作中的难题、挫折要能及时调整心态，戒急戒躁。

第二节　特殊教育教师的构成与培养

一、特殊教育教师的构成

特殊教育不同于普通教育，特殊教育不但需要教文化课的专业教师，而且需要从事特殊儿童身心障碍矫正或康复训练的专业技术人员；不但需要在特殊教育学校工作的教师，而且需要在普通学校工作的特殊教育教师；不但需要懂得特殊教育的教师，而且需要懂得特殊教育的学校行政管理人员。

（一）特殊教育教师的种类

根据国内外特殊教育的发展现状，特殊教育教师除了文化课专业教师，如特殊教育学校中从事语文、数学、物理、化学、外语、体育、音乐、美术等学科课程教学的教师，还包括以下类型的教师。

1. 职业课专业教师

职业课专业教师包括我国特殊中等职业学校中的按摩、服装设计、木工、机械、养殖等专业课教师，国外特殊教育学校从事汽车修理、印刷、西餐面点制作等职业教育的教师。

2. 实习指导教师

该类型教师是在特殊职业学校中专职从事指导学生实习工作的教师，其主要任务是辅导学生掌握实际操作的技能。

3. 班主任教师

在我国特殊教育学校，班主任一般是由各种类型的教师兼任的。特殊教育学校要在每个教学班设置班主任教师，负责管理、指导班级整体工作。班主任教师要履行国家规定的班主任职责，加强同各科任课教师、学校其他人员和学生家长的联系，了解学生思想、品德、学业、身心康复等方面的情况，协调学生的教育和康复工作。

4. 资源教师

该类型教师是在普通学校资源教室专职从事对普通班教师和学生进行有关特殊教

育服务的教师。主要职责包括设计辅导计划、进行诊断评量、实施补救教学、提供咨询服务。

根据工作的性质，资源教师可以分为三种：对到资源教室接受辅导的学生进行直接教学的，通常称为"诊断或补救教师"；仅为普通班教师提供咨询服务，而不直接面对学生进行教学的，通常称为"资源咨询教师"；有部分时间直接接触普通班教师或特殊学生的，通常称为"资源教室教师"。

5.巡回教师

该类型教师指往返于两所以上学校、家庭、医院，对特殊学生进行教学辅导，并对普通班级的教师给予协助的专职教师。

我国一些地方的特殊教育学校还配备有生活指导教师，他们主要负责住宿的特殊学生的课后活动指导及生活管理。

（二）特殊教育的专业人员

物理治疗师是专门从事应用人工物理能量因素治疗伤残或疾病的医师。物理疗法包括电疗、水疗、磁疗、按摩、针灸、器械疗法等。有些特殊教育学校设有专门的配有各种康复器械的康复训练室、水疗室、按摩室等。对特殊儿童的感觉统合训练也采用器械疗法。

1.职业治疗师

职业治疗师也称为作业治疗师，是专门从事作业活动，对特殊学生进行治疗，帮助其康复的专业人员。职业疗法中的"职业"不同于平常人们所说的工作职业，职业疗法涉及的活动面很宽，包括日常生活所必需的个人活动，如吃饭、穿衣；认知和教育活动；表现性和创造性活动；生产和职业性活动；消遣性活动。特殊学生通过有目的的、经过选择的作业活动（即像完成作业一样）的训练，可以改善或重建其较薄弱的或已丧失的某种活动能力。

2.语言矫正师

该类型专业人员专门从事语言障碍矫正和进行语言训练工作。

3.心理咨询人员

该类型专业人员专门从事学校心理咨询，以及学生心理辅导、行为改变等工作。

4.社会工作者

该类型专业人员为在校特殊学生提供咨询服务,他们受过社会工作的专业训练,并了解特殊教育学校的工作过程,有较好的沟通能力。该类型专业人员的主要职责是帮助特殊学生熟悉和适应学校环境,同时帮助教师了解特殊学生,向家长解释学校的教学目标和方法,使学校与学生、家长建立一种良好的合作关系。

5.听力工作者

该类型专业人员主要在聋校专门从事听力检测、助听器选配及维修工作。

6.定向行走工作者

该类型专业人员在盲校专门从事定向行走训练工作。

7.职业辅导工作者

该类型专业人员专门从事特殊学生就业前的职业能力评量、择业辅导、职业介绍工作。

（三）特殊教育学校的行政人员

按照国家规定,我国特殊教育学校要按编制设立校长、副校长、教务主任、总务主任,在特殊教育学校的行政人员中专门负责教育活动的人员还有少先队、共青团辅导员。虽然他们从事的是行政管理工作,但是仍然属于特殊教育教师的范畴。

二、特殊教育教师的培养方式与课程结构

（一）特殊教育教师的培养方式

现在国内外特殊教育教师的培养主要采取两种方式：一是通过专门的特殊教育学院（系、专业）进行；二是通过综合性院校或综合性院校中的教育学院进行。

1.专门的特殊教育学院（系、专业）培养方式

我国实行的是专门的特殊教育学院（系、专业）培养方式。20世纪80年代我国在师范院校建立起特殊教育师资培养体制,开始是由中级特殊教育师资和高级特殊教育师资两个层次构成,现正在调整为专科和本科两个培养层次。同时为了适应特殊教育发展对师资的要求,我国还通过在普通师范院校开设特殊教育概论、随班就读教学的必修或

选修课，向非特殊教育专业的师范学生普及特殊教育的基础知识；在成人继续教育范畴内开设专科层次的特殊教育函授班；在国家高等教育自学考试中开设大学学历的特殊教育专业课程。这种职前培养与在职培训相结合的方式构成了我国特殊教育师资培养的基本体制。

2. 综合性院校或综合性院校中的教育学院培养方式

美国通过大学院校培养特殊教育师资是在第二次世界大战以后，特别是 1975 年美国《所有残疾儿童教育法》规定高等教育机构或其他机构培养特殊教育师资可获得补助款或拨款之后，高等特殊教育师资的培养有了长足的发展。现在，美国有几百所大学培养各种类型的特殊教育师资，形成了从学士到博士后教育的完整体系。20 世纪 70 年代至 80 年代，美国高等教育中的特殊教育专业门类分得很细，包括盲、聋、智力落后、言语矫正、特殊教育管理等十几个专业。20 世纪 90 年代以后，美国特殊教育专业设置有所调整，有的大学按照社会的需求增加了学习障碍、双语教学等专业；有的大学特殊教育系将聋教育专业取消，而将有关的教学内容并入交往障碍系或交往障碍专业的课程中；有的大学连特殊教育系也取消了，只开设一些特殊教育课程。但专业方面的增、删、合并没有影响美国高等特殊教育师资培养的整个格局。

英国没有专门的师范院校，普通教育师资和特殊教育师资主要由普通院校来培养。英国培养特殊教育教师的方式有两种：一种是学生就读于大学的教育学院，获学士学位，然后考取教师任职资格证书；另一种是"3+1"制，学生先在普通大学学习三年获得学位，再到教育学院学习一年的教育课程，获得教育证书，然后考取教师任职资格证书。无论哪种培养形式，学生都要在获得教育证书、教师证书的基础上再通过考试取得特殊教育证书。为了保证普通院校具有培养特殊教育师资的能力，加强对特殊教育师资的培养，英国相关教育法规作了一系列规定，如学生要获得教育证书，必须学习一定学分的特殊教育课程，大学的教育学院应提供最基础的特殊教育课程；所有教师（无论是普通教育教师还是特殊教育教师）职前培养的课程均应包括特殊教育的内容，并且英国教师资格委员会只承认开设特殊教育课程的师资培训机构。从以上分析可以看出，英国在培养中小学教师时，既重视他们的普通教育能力的培养，同时也在此基础上培养他们的特殊教育能力，走的是一条特殊教育师资培养普通化，普通教育师资培养特殊化的道路。

通过综合性院校或综合性院校中的师范（教育）学院培养特殊教育教师的方式在新时代我国教育改革过程中必然会出现，特殊教育学科的学分课程也会进入综合性大学，这样，我国特殊教育师资培养体制将进一步完善。

（二）特殊教育师资培养的课程结构

特殊教育师资培养模式各异，决定了特殊教育师资培养的课程结构也不尽相同。概括起来，国内外特殊教育教师培养的课程结构主要有两种模式。

1.师范类课程＋特殊教育专业课程的结构模式

这种课程模式是与通过高等师范院校或综合性大学的特殊教育学院（系、专业）培养特殊教育师资的模式相适应的。这种课程结构包括一般公共基础课、心理和教育的公共基础课、特殊教育基础课、特殊教育专业课、专业实践等课程。其中，特殊教育基础课是面向特殊教育不同专业的学生开设的，特殊教育专业课既可以是综合性的，也可以是按专业方向分别设置的。每一部分的课程都包括必修课程和选修课程。各个国家和地区特殊教育学院（系、专业）的学制和培养要求不同，各部分课程的比例和实践活动的比重也不一样。

2.非教育类学科课程＋特殊教育专业课程的结构模式

这种课程结构是与通过综合性大学培养特殊教育师资的模式相适应的。在这种课程结构中，学生先学的是一个非教育类专业，如计算机专业、植物保护专业，在修完这类专业课程以后，再学一定学分的教育类和特殊教育的专业课程，然后经考核合格取得相关的教师资格证书后才能从事特殊教育工作，如前面介绍的英国特殊教育教师的培养模式。事实上，特殊教育教师不可能都由特殊教育学院（系、专业）培养，或者由师范院校其他专业培养，许多教师来自综合类大学的非教育类专业。因此，非教育类学科课程＋特殊教育专业课程的结构模式能满足丰富特殊教育师资来源途径的需要，也有助于特殊教育师资整体水平的提高。

三、特殊教育教师培养路径

（一）文化建设是我国特殊教育师资发展的必经之路

目前，我国的特殊教育发展与普通教育类似，仍存在城乡、地域之间的不平衡，和普通教育相比是有过之而无不及，其中最主要的原因是师资的匮乏，以及师资流失严重等。政府加大经费投入,如加大特殊教育发展和特殊教育师资培养硬件的标准化建设的资金投入,并给予相应的政策倾斜等,是解决该问题的重要措施,但是仅靠经济手段无法从根本上解决问题,一是仅靠国家单一的财政投入犹如杯水车薪,二是经济手段只是基础条件,并不是全部条件和解决问题的万全之策。

当前,特殊教育的问题正在逐渐从外部转移到内部,特殊教育发展正在由硬件建设转为以软件的更新、提升为主。特殊教育的师资发展应秉承文化关怀的教育理念,关注文化对教育的影响,全面加强文化建设,强化文化意识。中西文化、古今文化、城乡文化、地域文化等都具有不同的文化禀赋和特定的文化团体,加强文化关怀是特殊教育师资培养新的价值取向。文化是一种隐性因素,就像一张无形的网,发展特殊教育师资要有机整合外部政策支持与内部自主创新等因素,一方面增加经济支持,另一方面关注多元的文化建设,使特殊教育从业者、决策者等在文化的熏陶下提高自身的教育水平。特殊教育师资培养要以增强文化软实力为主要方式,重视文化引领、文化影响、文化传递、文化研究,对师资培养的文化价值取向等进行反思、批判、剖析、比较和选择,以明确其正确的发展方向。

(二)重点提高特殊教育教师专业水平

目前,教师素质已成为社会关注的焦点,提高教师的教育专业水平和自身素质已成为新世纪教育改革的一个核心课题。20世纪90年代至今,在教育一体化、融合教育、全纳教育的背景下,我国教育由重视普通教育向重视特殊教育转变,从注重数量开始向提高质量转变,更加强调特殊教育教师专业化的发展。我国特殊教育师资培养不但重视质量,还更加重视教育的公平问题。公平和质量一直是特殊教育改革的方向,寻求公平和质量的平衡,更需要专业化的师资。在全纳教育、终身教育和特殊教育一体化等观念的影响下,20世纪90年代后,我国特殊教育师资培养层次逐渐提高、布局结构不断调整、类型日益多样化,由单纯教育型师资向教育-康复的复合型师资发展,由传统的三类残疾人教育师资向多种类别残疾人教育师资发展。

我国特殊教育师资培养无论是内部还是外部结构和环境都取得了很大进展,但从当前发展现状来看,我国特殊教育师资培养与国家对特殊教育发展和改革的需求之间还存在较大差距。我国特殊教育教师队伍整体的专业化水平尽管有所提升,但仍存在一些问题,表现为学历专业以非特殊教育为主,学历专业为特殊教育的教师占特殊教育教师总人数的比例较低。一些特殊教育学校的教师虽然是本科学历，但是很多都是普通师范院校毕业的，初始学历专业为特殊教育专业的教师很少，很多教师并未接受过系统的特殊教育专业的训练，职后学历教育不完善。因此，提高教师素质，不仅要提高其学历水平，还要提高其专业化水平。

目前，我国特殊教育学校教师的观念、专业知识与技能等还有待进一步提高。虽然《残疾人教育条例》指出"从事残疾人教育的教师，应当热爱残疾人教育事业，具有社会主义的人道主义精神，尊重和关爱残疾学生，并掌握残疾人教育的专业知识和技能"，但在具体实施过程中，各地方标准不一，没有明确规定，因此实施效果并不是很明显。其中，最重要的原因是特殊教育教师在职前培养的过程中，虽然师范院校在特殊教育专业的培养目标、课程设置、培养模式以及培训等方面都做了相应的改革与调整，但由于本身有特殊教育背景的高校教师师资匮乏，以及政策、资金投入、观念等问题，整个特殊教育体系的运作效率和实施效果不尽如人意。

社会要想培养合格的特殊教育教师，就需要重视教师专业发展的连续性，要引导教师形成一定的思维结构，即培养一个反思型特殊教育教师。反思型特殊教育教师要在实践中培养，注重实践和理论的整合，让学生学习行为研究、个案研究等实践性课程，在教学实践中运用各种知识与经验，对自己的教学过程进行反思，修正原有的教学方法。师资培训过程不再是仅仅教给师范生一套通用规则，也不是将学到的规则、知识、技能等直接应用到实际中，而是着重培养其依托情境进行反思的能力，达到解决问题的目的。

特殊教育的师资培养不只是特殊教育专业和师范院校的工作，而是需要来自全社会的支持，需要教育系统整体参与。大学教授、研究人员、教育管理者、在职中小学教师、理疗师、医生、家庭人员等诸多领域的人员都可以在特殊教育师资培训中贡献自己的力量。社会各方参与特殊教育，加强合作，并将它们之间的合作制度化，是培养特殊教育教师的有效途径。在一个合格的特殊教育教师的成长过程中，需要个体不断努力，并在多学科、多领域的制度和机制的共同作用下不断提高个体素质。

（三）加强特殊教育教师职前培养与职后培训一体化建设

法国著名教育思想家和成人教育家朗格朗（P. Lengrand）在20世纪60年代提出了"终身教育"这一概念，其基本含义是要求实现教育的时间和空间的统一，随后终身教育思想很快在世界范围内得到广泛认可，成为一种国际性的教育思潮。终身教育思想促使师范教育观念得到更新，有利于将整个教师教育的过程从职前教育扩展为职前培养、职初培训和职后继续教育融为一体、互相联系的完整系统。我国原有教师教育体系由两大部分构成：一是普通性质的师范院校，也就是中师负责培养小学教师，师专培养初中教师，师院和师大共同培养高中教师；二是教育学院负责教师在职培训，也就是县级培训学校培训小学教师，地市级教育学院培训初中教师，省级教育学院培训高中教师。此外，还有电大、函大、自大等机构辅助教师的培养和培训。这样的教师教育体系看似合理，但条块分割，彼此分离，培养与培训之间缺乏沟通与合作，各自为政。

面对我国教师教育体系存在的种种问题，受世界教师教育发展潮流的影响，我国教师教育也开始了一体化的改革。我国针对现有师范教育职前职后分离、各自为政、资源配备不合理、教育内容重复等问题，在终身教育思想的背景下，依据教师职业生涯理论，试图构建一个体系结构完善、教育内容科学合理以及教育资源优化配备的一体化教师教育培养模式。我国特殊教育教师培养模式与普通教师培养方式基本一致，特殊教育教师的职前教育主要由师范大学的特殊教育专业（系）、中等特殊教育师范学院以及一小部分普通中师附设的特殊师范部（班）实施；职后教育主要由特殊教育师资培训中心、特殊师范学校师资培训部，以及各种形式及层次的短期师资提高班、函授班等实施，但是职后教育机构的专业水准与学术水准远远落后于职前教育。因此，在教师教育一体化的背景下，相关人员应努力探索我国特殊教育教师职前与职后培训的方式方法和基本路径，最终形成科学的和一体化的培养模式。

1. 特殊教育师资培养目标一体化

随着社会的发展，我国高等院校特殊教育专业的培养目标发生了很大的变化，高校特殊教育专业的培养目标不再局限于单一的领域，学科方向趋于多元化、综合化，所涉及的领域呈现多样化的发展趋势。但其中也存在诸多问题，例如，虽然培养目标从纵向上看有很大发展和进步，但是无论是省属高校还是部属高校，其整体培养目标趋同，虽然都是为培养一线专业师资、特殊教育研究者、特殊教育管理者而服务，但是各个学校的培养目标还是太过笼统，自身学校的培养目标特色不突出，造成培养出来的人才不受一线特殊教育学校和特殊教育机构的欢迎，二者之间不能形成有效的对接。因此，我国可以借鉴美国制定的特殊教育教师标准，以及对特殊教育教师职前培养的要求，既有道德标准，又有实践标准，同时还按各类残疾类型制定更明确、更具体的标准，成为确定职前与职后总体培养目标的依据。我们要明确各阶段的目标，并使其相互衔接，互相补充,最后为总目标服务。

2. 特殊教育师资课程设置一体化

特殊教育师资培养的职前和职后的教学内容和课程体系一体化,并不是指这两者的教学内容和课程体系相互交叉堆叠,而是相互衔接,探寻其契合点,最后形成既显示阶段性、又体现整体性的教学内容和课程体系。我国高等院校各个特殊教育专业的课程设置基本是每隔三年进行一次修订和完善,以满足特殊教育学校、机构的改革与发展的要求。

3. 特殊教育师资队伍一体化

特殊教育师资队伍一体化是指建立一支既能进行职前培养、又能进行职后培训的一体化特殊教育教师队伍。职前培养和职后培训属于同一类型和学科体系,有很多相通之处,只是教育对象的知识层面有所差异。因此,应鼓励高校在师范类专业中开设特殊教育课程,加大国家级教师培训计划中特殊教育教师培训的比重,加强普通学校随班就读、资源指导、送教上门等特殊教育教师培训。在教育终身化、全民化的时代,我们不应该仅限于职前的特殊教育师资培养,而应该根据教师专业发展的不同阶段,对教师的培养和培训进行整体考虑和设计,最终实现职前与职后一体化教育。

第三节 特殊教育教师专业化相关概念及发展历程

一、特殊教育教师专业化的相关概念

(一)教师专业化

在现代社会,教师显然是一种职业,但它是否属于一种"专业"呢?对此,众多学者都表达了他们的不同看法。埃齐奥尼(A. W. Etzioni)等学者认为教师培训的时间较短、特有的专业知识较少、社会地位较低、专业自主权缺乏、团体专有权难以确立。也就是说教师的专业性不及典型的专业人员，还没有达到完全专业的水准，故其将教师称为"半专业"人员。

带着这种争论，有学者运用上述"专业"的特征和标准，从专业训练、专业智能、专业发展、专业道德、专业组织、专业自主六个方面对其进行了深入研究。认为教师专业至少在专业道德、专业智能、专业发展和专业训练这几个方面已经具备了一定的水准，但在专业组织和专业自主方面还难以达到"专业"的要求。但我们的认识不应只停留在"是或不是"这种二元化的思维中。如前所述，职业成为专业本来就是一种动态的发展过程，即专业化的过程。所以，目前学者们比较一致的看法是，教师现在还是一个"准专业"或"半专业"，或者是"正在形成中的专业"，但一直在朝着"完全专业"的方向前进。这也是我们研究教师专业化的意义所在。

关于"教师专业化"，目前还没有一个人们都一致认可的概念。但根据上述对专业、专业化及教师职业特性的分析，我们认为教师专业化是指教师个体专业水平提高的过程，以及教师群体为争取教师职业的专业地位而进行努力的过程。前者是指教师个体专业化，后者是指教师职业的社会化。二者共同构成了教师专业化，并且二者是密切联系、相辅相成的。教师个体的专业化是教师职业化的关键，是教师职业专业化的基础和源泉。教师的专业发展是指教师在整个专业生涯中，依托专业组织，通过终身专业训练，表现专业道德，习得教育专业知识技能，实施专业自主，逐步提高自身从教素质，从而成为一个良好的教育专业工作者的专业成长过程。

教师职业的专业化是指教师群体专业化的发展和社会承认形式，是指一个职业（群体）经过一段时间后成功地符合某一专业性职业标准的过程。它涉及两个一般是同时进行并可独立变化的过程，就是作为地位改善的专业化和作为专业发展、专业知识提高以及专业实践中技术改进的专业化。它是教师群体专业化发展的必然结果，从根本上影响着教师个体专业化的进程和水平。实际上，教师个体的专业化和教师群体的专业化是一个问题的两个主要方面，我们注重教师职业的专业化，但有时更偏重教师个体的专业化。

从上面的分析中我们不难看出，教师专业化着重强调的是成长和发展的动态历程。就教师个体的专业化来看，主要体现在长时性和生长性两个方面。这种长时性是指教师的专业化是贯穿教师整个教学生涯的，从职业教育阶段到最初的职业生涯直到教育生涯终止。在长期与教育环境互动的过程中，教师需要不断调整自己的思想观念、价值取向，丰富自己的专业知识、技能，满足自身的需求，从而表现出与教师特定职业发展阶段相适应的角色行为。生长性则表现为教师的专业化发展具有累积性和连续性，过去所学、所积累的知识和经验，是现阶段其专业化发展的基础，也是未来其专业化发展所必须经历的一个过程。

（二）教师专业化的实现方法

教师专业化研究和教师教育改革极大地推动了世界各国对教师专业化的探索，也使越来越多的人认识到，教育改革成败的关键在于教师，而教师的专业化是教师教育改革的关键和重点。对于如何实现教师的专业化，有以下两点经验值得参考。

1.确立教师专业标准

尽管教师专业化的发展已经持续了一个多世纪，但人们对于教师是否是一个"专业"仍然存有一定的争议，因此在一定程度上，教师专业标准的制定被看作是将教师发展成为一种专门职业的内在要求。事实也是如此，在欧美国家，作为专业化发展的一部分，教师专业化经常不可避免地要受到具有普遍价值的专业化策略的影响。要使教师职业成为一个专门职业，最简单、最直接的办法就是仿照一些成熟专业的现有模式。无论是从行业保护的角度，还是从从业人员的质量保障出发，建立教师专业标准都是教师专业化策略的不二选择。很显然，有一点是人们普遍认可的，即教师专业标准的核心意义在于在对教师职业进行必要的专业训练时为其提供一个可参照的标准，以确保教师的从业质量和排他性权利。在这方面，美国、英国、日本、德国等国家教师专业标准的制定与实施具有典型意义。

2.实行教师资格认证制度

为保证教师的素质，现在许多国家对教师的任教资格都有严格的规定，并实行教师资格认证制度。教师资格认证制度是指在一定的历史条件下，国家对从事教师职业、专业或教育教学活动的人所应具备的条件或身份的一种强制性规定，是国家对教师实行的法定的职业许可制度，是国家对专门从事教育教学工作人员的最基本要求，是公民获得教师岗位的法定前提。在国外，教师资格认证制度是一种常见的师资检测手段。美国、法国、德国、英国、日本是实行"开放性"师资培养模式的国家，它们都有以区域、专业科目形成的教师专业组织或团体。这些组织或团体的建立，不仅仅是为了保护教师的权益，如提供法律援助、谋求教师福利待遇等，而且还担负着提高教师专业地位、制定教师专业标准、参与或实施教师素质提升和专业培训、出版专业期刊、从事教育问题研究、提供教育咨询等各类任务。如今，教师专业组织或团体在为其成员提供专业成长机会，发挥教育的各种带动力量方面，发挥着越来越重要的作用。

（三）特殊教育教师

从狭义上来说，特殊教育教师是整个教师队伍的一个重要组成部分，其工作地点是特殊教育学校以及相关机构，教育对象是有特殊需要的学生，教育任务是对特殊学生进行教育教学。从广义上来说，特殊教育教师包括学科文化课教师、职业技术课教师、资源教师、巡回指导教师、生活指导教师、康复治疗师等专业人员。

（四）特殊教育教师专业化标准

澳大利亚相关研究人员对教师专业化标准进行了研究，并提出了各自的见解。概括来说，其对教师专业化的标准的研究涵盖了三个基本范畴：教师专业知识的发展、专业技能的发展和专业意识的健全。另外，舒尔曼（L. S. Shulman）对特殊教育教师专业化提出了六点标准：服务的理念和职业道德；对学术与理论知识有充分的掌握；能在一定的专业范围内进行熟练操作和实践；运用理论对实际情况作出判断；从经验中学习；形成一个专业学习与人员管理的团体。

所谓特殊教育教师专业标准，指的是在特定教学领域中的从合格到优秀的特殊教育教师所应该具备的基本专业标准体系。从事特殊教育的教师必须具有自己的专业标准并且对专业发展享有自主权，才能获得较高的社会地位。

二、特殊教育教师专业化发展历程

（一）教师专业化发展阶段

教师专业化发展过程受多种因素影响，大致可分为三个阶段：专业化初始阶段、专业化提升阶段、专业化发展阶段。

1.专业化初始阶段

制度化教育形成之前，教师是一个相当自由的职业，没有培训和考核的要求，只要有知识和兴趣，任何人都可以开馆设学。古代官学、私学等教育实体形成以后，对教师从业资格就有了要求。一个人要想成为教师，至少应该掌握并会使用文字，这是一个很低的要求。这种局面在教育机构成立以后才逐步改变，尤其是在第一次工业革命以后，西方发达国家纷纷实行义务教育，教育第一次成为公共事务，政府对教师教育的干预提上了日程。于是一些国家通过立法或行政手段，创立了培养教师的正规机构，规定了教师任职资格，使教育更加规范，并走向正规化、制度化。

2.专业化提升阶段

随着义务教育的普及和班级授课制的实施，社会对教师职业提出了新的要求。教师数量的增加和教师素质的提高成为教师专业发展中的一个重要内容。于是各国政府开始采用延长教师教育年限、提高教师培养规格、多元化渠道培养教师等措施来化解这种矛盾。法国的拉萨尔（J. B. La Salle）创办了第一所正式的师资培训学校，之后德国、奥地利等开始出现短期师资培训机构。到18世纪50年代，师范教育理论已见轮廓，并在此基础上相继出现了师范学校并制定了相关制度，如中等师范院校的设置、师资训练、教师资格证书等。同时，师范教育也开始注重教学方法的培训，对教师进行专门的教育训练。

3.专业化发展阶段

进入20世纪80年代以后，各国普遍重视人才培养，教育改革不断推行。在教育改革浪潮的推动下，教师专业化有了实质性的进展，教师个体专业化水平成为教师专业化发展的重心。这一阶段的特殊教育教师专业化具体表现在以下几个方面。

第一，教师资格制度化。教师资格标准是对教师专业素质的要求。教师资格证书制度或教师资格认证制度是主要的师资检验手段。当前许多国家为保证特殊教育教师的专业水平，都实施了教师资格证书制度，通过高标准教师职业要求的制定，加快特殊教育教师专业化进程。

第二，教师学历高层次化。目前，世界上许多发达国家的中小学教师学历都有提高的趋势，大都提高到大学毕业以上程度，具有学士以上学位，一部分研究生也补充到中小学师资队伍中。特殊教育教师的学历也逐渐提高。

第三，教师教育一体化。一体化的教师教育应包括三个层次：职前培养、入职教育和职后提高。特殊教育教师的专业发展贯穿于职前培养和职后提高的全过程。当今世界各国一方面延长中小学教师职前教育专业学习年限，另一方面大力推广教师在职进修。目前各国普遍通过立法保障特殊教育教师继续教育，完善培训体制，并采用多样化的培训方式，实施灵活而系统的课程安排，从而保证教师的专业水平持续、有效地提高。

第四，教师发展全面化。终身教育理念的渗透，强调教师应树立终身学习的意识，主动汲取新知识，不断提高自身专业素养。尽管各国对特殊教育教师素质要求各不相同，但普遍重视知识更新和开拓创新能力。特殊教育教师要由"单一型"向"复合型"发展，成为满足时代要求的"多面手"。

（二）我国特殊教育教师专业化历史变迁

自19世纪末，英国和美国传教士在我国开办盲校和聋哑学校以来，特殊教育越来越受到我国政府的关注，特殊教育学校也如雨后春笋般在全国各地不断出现，我国对特殊教育教师的培养也逐渐重视起来。

为了使特殊儿童得到更好的教育，作为特殊教育发展中坚力量的特殊教育教师，其专业化发展也是至关重要的。中华人民共和国成立以前，特殊教育教师的培养基本上都是以"师傅带徒弟"的方式为主。中华人民共和国成立以后，相关部门联合有关组织举办了专门针对特殊教育教师的培训。在这个时期，国家也公派过少量的留学生到其他国家学习特殊教育的知识和技能。总之，当时我国培养特殊教育师资的方式是以"师傅带徒弟"和短期培训为主，并没有成立专业性的特殊教育师资培养机构。

改革开放以来，党和政府加快了建设和发展特殊教育师资队伍的步伐。自1988年第一次全国特殊教育工作会议召开以来，党和政府出台了一系列政策文件，旨在提高教师专业化水平，促进教师专业化发展，通过建设专业化的师资队伍来提高特殊儿童受教育的质量，并且填补我国在特殊教育领域的理论短板，这在一定程度上引领了教育事业的发展。

近年来，国家相继出台各种文件，提出了一系列关于特殊教育教师培养、培训的相关举措，对培训方式、培训内容以及培训层次都作了相关规定，并且将提高教师教研、科研水平也列为教师专业化发展的重要内容。此外，也将提高教师待遇作为激励教师专业化发展的重要手段，并作了详细的规定。

第四节　特殊教育教师专业化发展策略

一、制定特殊教育教师专业标准

为确保特殊教育师资质量，提高职业准入门槛显得尤为重要。特殊教育具有特殊性，是一个专业化极强的领域，因此需要制定专业标准，把好教师的入职关。

首先，从教师入职的资格标准上来说，要实行特殊教育教师资格证书制度。要想进入这一行业，必须要具备普通教育教师资格证书和特殊教育教师资格证书这两种证书，即"双证书"制度。各地也可以根据学校自身发展情况，通过学历证书、教师资格证书和特殊教育教师资格证书三种证书来对教师的入职门槛进行约束。

其次，要想成为专业化的特殊教育教师，需要经过长期且连续的专业训练。特殊教育领域不仅对教师的专业知识有严格的要求，对专业技能更是不容忽视。因此，教师若想进入特殊教育领域，必须经过大学本科及以上的特殊教育训练，同时倡导硕士、博士层次的训练，提高教研和科研能力。

再次，在专业情感上要积极学习现代教育思想，心理健康，有良好的师德，并且要具备不断反思的能力。

最后，不仅要制定整个特殊教育领域在职业准入上的专业标准，而且还要制定针对不同类型特殊教育教师的专业标准，如聋童教师专业标准、盲童教师专业标准、智力障碍儿童教师专业标准，不断细化这些专业标准，使这些标准在限制准入上更具有针对性和专业性。

二、构建科学的教师培养体系

特殊教育所面对的对象是特殊群体，如对盲童进行盲文和定向行走的教学，对聋童进行听力、语言训练，对智障儿童进行感知和动作能力的康复训练等。这就要求特殊教育教师要具备众多学科的知识，例如教育学、医学、语言学等。特殊儿童要想得到身心的全面发展，就要求特殊教育学校具备掌握系统的专业化知识的师资队伍。

高等院校特殊教育专业的课程结构要作适当调整，旨在促进学生专业化技能的发展，提高学生的专业化水平。首先，在专业课程中要设置传统的教法类课程，例如开设语文、数学、英语等基础课程，这样能使学生任教后胜任基础教育中的学科教学。高等院校特殊教育专业以教法类课程为基础，在巩固基础后，学生还要学习教育学、特殊教育学以及心理学等课程。此外，技能类课程是至关重要的。专业课程中必须要增加技能类课程的课时安排。例如特殊儿童鉴定与评估方面的技能、班级管理方面的技能、语言训练方面的技能、行为矫正技能，其中康复训练和教学方案的设计与实施、盲文、手语等技能都是需要学生重点学习和掌握的。以上这些基础课程和技能课程都是针对盲、聋、智力障碍三类学生开设的。但是随着社会的发展，其他障碍类型的儿童也日益增多，包括自闭症、言语障碍等。因此，基于多元智能理论，特殊教育专业在课程设置上要与时俱进，不断更新，可以在选修课中增加针对这类儿童的课程，彰显特殊教育的特殊性，促进教师的专业化发展。

马克思的关于人的全面发展学说提出，人要实现多方面的发展和自由发展，在高校特殊教育专业设置通识课程是对马克思人的全面发展学说的最好诠释。通识课程不仅可以让未来的教师增加人文社科、自然科学、文化艺术等文化知识，还可以将现代教育思想和现代教育观念渗透到对他们的人性教育、道德教育和情感教育中，在一定程度上培养他们的专业情感。

此外，高校还应开设教育实践课程和教育科研类课程，培养学生的科研意识和能力，为提高学生到特殊教育学校任教后的教育教学研究能力打下坚实基础。这样高校所培养出来的教师才是既有知识和能力，又有健康人格的高素质专业化人才。

目前，我国很多省份的特殊教育学校大多只接受本科及以上学历的毕业生。因此，高等院校要借鉴国外的"4+2"模式，也就是鼓励特殊教育教师进行学历进修以取得更高的学历，在完成四年本科专业的学习后，继续进行为期两年的与特殊教育相关的课程的学习。这种专业课程+特殊教育专业课程的培养方法培养出来的学生能够获得全面的教育知识，实现全面且专业化的发展。此外，设有特殊教育专业的高校要与国内外知名高校加大沟通和交流的力度，鼓励学生进行学习和交流，让学生掌握最前沿的研究方法和理论知识，从而使特殊教育教师在职前培养阶段就能达到一定的专业化水平。

三、加大职后培训的实效性

职后培训是特殊教育教师专业化发展的重要途径。因此，职后培训无论是在培训内容、培训形式、培训层次还是培训级别上都要立足岗位需要，加大培训的针对性和实效性。教师学历水平的提升也是教师专业化素质提升的重要表现。因此，在以特殊教育为基础的前提下开展提升教师学历水平的培训也是非常必要的。

（一）在培训内容方面

应该针对特殊儿童的需求和教师自身的发展需求，选择不同的培训内容，这些培训内容基本上都要以特殊教育的前沿知识、特殊儿童的行为矫正、特殊儿童的鉴定与评估、盲文、手语、心理学、教法学等为主。此外，需要特别注意的是，提高学历的培训也是职后培训的一个重要内容。通过调查分析，可以发现特殊教育教师学历专业基本上都是以非特殊教育专业为主，这在一定程度上无法满足特殊教育教师专业化发展的要求。因此，对特殊教育教师提升学历层次的职后培训要与特殊教育专业相结合，尤其是第一学历是非特殊教育专业的教师，由此来提升其专业化水平。因此，各方要加强管理，确保教师学历进修的高质量、高水平，确保教师培训的专业化。

（二）在培训形式方面

要注重理论与实践相统一，知识培训与技能培训相结合，培训专家和培训教员在培训的课堂中要给被培训的教师以实践指导，并且为教师提供后续讲解和支持。课堂培训要加强培训人员和被培训教师之间的互动，不能出现本本主义、教条主义。开展多种形式的专题培训，如心理辅导专题培训、有关某项实验课题的专题培训。提高针对性，解决阶段性问题。长此以往，循序渐进，才能增强培训效果，逐渐提高特殊教育教师的专业化水平。

（三）在培训层次方面

对刚到特殊教育学校任教的教师，要进行新教师培训；对转行而来的特殊教育教师要进行教师基本功培训，夯实基础；对骨干型教师要进行研修性学习培训，提高其教研、科研意识和能力。

（四）在培训级别方面

要把国培、省培、市培以及区域内培训和校本培训结合起来，具体问题具体分析。对教师的培训要以校本培训为主，加强教师之间的沟通、交流，增进教师之间的合作意识和学术氛围，使教师处于一个和谐的专业化环境中。对教师的培训不能忽视市培和省培的作用，学校要积极组织教师进行市培和省培，加强与外校教师之间关于专业知识和技能的交流，取长补短。同时特殊教育学校要重视对教师的国家层面的培训，使教师掌握最前沿的理论，用以指导实践，提高教师的专业化水平。

为了加强职后培训的实效性，建立职后培训的监控体系是十分必要的。培训组织机构应负责确定培训内容、培训时间，并有效实施制订的计划；管理机构也应该做到审核培训计划、监督培训过程以及考核培训结果，认真辅助教师培训工作，使教师的专业化发展真正落到实处。

四、鼓励和支持教师进行教育教学研究

新时代对特殊教育教师专业化发展有了新的理解和认识，特殊教育教师的科研意识和科研能力的发展是其专业化发展必不可少的组成部分。学校和相关教育部门要积极鼓励变革和创新，切实提高教师教育教学研究能力，从而提升教师的专业化水平。

（一）制定教育教学研究发展战略

目前我们处于一个知识经济时代，没有教育教学研究，就没有教师专业化水平的提高，也就没有教学质量的提升。因此，学校领导要以身作则，率先垂范，积极投入教学研究之中，并且激发全校教师的参与热情，使整个学校处于一个全员参与教育教学研究的氛围之中。学校对教育教学研究战略的制定并不是盲目的，而是要立足学校的实际情况，针对学校的薄弱项目进行制定，以课题为依托，鼓励教师积极参与其中，促进教师的专业化发展。

特殊教育学校教育教学研究工作首先应以实践性课题为主，以对理论的研究为辅；

其次，选题应来自特殊儿童的教育实践中出现的实际问题；再次，以中短期课题为主，及时攻克教学所面临的实际问题，找出解决方案，以长期课题为辅，着力研究和解决特殊教育所面临的宏观问题；最后，相关人员应掌握学校师资队伍的构成情况，量力而行。

（二）鼓励多种形式的教育教学研究活动

开展多种形式的特殊教育研究活动，对整个学校良好学术氛围的形成和专业化的师资队伍的构建具有积极作用。相关教育部门要对特殊教育学校的教育教学研究高度重视，指定特殊教育资深专家和研究人员定期到学校进行考察和指导，深入特殊教育课堂，对教师的教学观念和教学方法以及理论和技能在课堂上的应用加以批评和指正，不断提高特殊教育教师的教学能力。教育部门要组织以国家、省以及地市等不同层级的优质课和论文的比赛，通过交流和活动评比激发教师的进取心，并且制定与特殊教育相关的课题，鼓励教师积极参加，切实提高教师的教育教学能力和教科研水平。同时，增进特殊教育学校与高等院校的教育教学研究和教科研项目的合作，重点扶植骨干教师，带动其他一线教师，促进教师的专业化发展。

（三）强化教育教学研究管理制度

为了使教育教学研究工作有章可依，必须建立健全教育教学研究管理制度，建立规范的教科研管理制度和实施细则，保证课题研究顺利进行，达到预期效果。另外，还要建立并保管好特殊教育教师的教育教学研究成果档案，定期加以统计，对有丰富研究成果的教师给予奖励，从而激励教师投入到研究工作中，促进教师的专业化发展。

参 考 文 献

[1] 陈海苑.基于新课标理念的特殊教育课堂教学案例评析[M].广州：暨南大学出版社，2020.

[2] 邓猛，颜廷睿.特殊教育原理[M].北京：高等教育出版社，2022.

[3] 甘昭良，刘修豪，陈奕荣.特殊教育概论[M].厦门：厦门大学出版社，2022.

[4] 郭海英，张晓燕，蒲娟.特殊儿童融合教育概论[M].长春：吉林大学出版社，2021.

[5] 胡建郭，王磊，唐方萍.怎样上好一堂课：特殊教育课堂观察与评研实践的研究Ⅱ[M].长沙：湖南大学出版社，2021.

[6] 胡建郭，王磊，杨军，等.培智学校学前教育康复课程实践研究[M].长沙：湖南大学出版社，2022.

[7] 马锦华，张西方.学前特殊儿童教育与实践[M].郑州：郑州大学出版社，2022.

[8] 彭霞光，杨希洁，冯雅静.融合教育学校教学与管理[M].北京：华夏出版社有限公司，2023.

[9] 申承林.特殊教育教师职业人格研究[M].长春：吉林大学出版社，2021.

[10] 孙颖.融合教育背景下特殊教育教师专业化培养[M].北京：华夏出版社有限公司，2022.

[11] 王姣艳.特殊教育教师心理资本研究[M].南京：南京大学出版社，2020.

[12] 王璇.中国特殊教育事业与特殊教育教师师资培养研究[M].北京：北京工业大学出版社，2021.

[13] 王雁，朱楠，等.特殊教育研究[M].福州：福建教育出版社，2022.

[14] 肖非，傅王倩.特殊教育导论[M].北京：北京师范大学出版社，2020.

[15] 杨中枢，肖非.特殊教育课程论[M].北京：北京师范大学出版社，2021.

[16] 张敏，程品品，冯秋霜.特殊教育教师心理健康及其促进：心理弹性视角[M].徐州：中国矿业大学出版社，2021.

[17] 张守海.特殊教育教师专业成长理论与实践[M].延吉：延边大学出版社，2022.

[18] 张文京.特殊教育班级管理与建设[M].重庆：重庆大学出版社，2017.

[19] 赵锡安，李之刚.传承·探索·创新：徐州市特殊教育学校建校70年[M].北京：现代出版社，2020.

[20] 周在玲.梦想的导师：特殊教育教师培养与专业化发展研究[M].北京：中国商业出版社，2020.

[21] 祝晓娟.特殊教育理论与实践[M].咸阳：西北农林科技大学出版社，2021.